AF887440

EN BUSCA DE LA
IGUALDAD PERDIDA

EN BUSCA DE LA
IGUALDAD PERDIDA

EDICIÓN 2024

Ignacio Álvarez Rodríguez

COLEX 2024

Copyright © 2024

Queda prohibida, salvo excepción prevista en la ley, cualquier forma de reproducción, distribución, comunicación pública y transformación de esta obra sin contar con autorización de los titulares de propiedad intelectual. La infracción de los derechos mencionados puede ser constitutiva de delito contra la propiedad intelectual (arts. 270 y sigs. del Código Penal). El Centro Español de Derechos Reprográficos (www.cedro.org) garantiza el respeto de los citados derechos.

Editorial Colex S.L. vela por la exactitud de los textos legales publicados. No obstante, advierte que la única normativa oficial se encuentra publicada en el BOE o Boletín Oficial correspondiente, siendo esta la única legalmente válida, y declinando cualquier responsabilidad por daños que puedan causarse debido a inexactitudes e incorrecciones en los mismos.

Editorial Colex S.L. habilitará a través de la web www.colex.es un servicio online para acceder a las eventuales correcciones de erratas de cualquier libro perteneciente a nuestra editorial, así como a las actualizaciones de los textos legislativos mientras que la edición adquirida esté a la venta y no exista una posterior.

© Ignacio Álvarez Rodríguez

© Editorial Colex, S.L.
Calle Costa Rica, número 5, 3º B (local comercial)
A Coruña, C.P. 15004
info@colex.es
www.colex.es

I.S.B.N.: 978-84-1194-240-9
Depósito legal: C 18-2024

SUMARIO

CAPÍTULO 1

DEMOCRACIA PARITARIA Y PODER EJECUTIVO

CAPÍTULO 2

LA CONFUSIÓN EN TORNO A LA PERSPECTIVA DE GÉNERO

CAPÍTULO 3

NOMBRAMIENTOS JUDICIALES Y DISCRIMINACIÓN POR RAZÓN DE SEXO

CAPÍTULO 4

LA IGUALDAD EN LA CONSTITUCIÓN ARGENTINA

CAPÍTULO 5

EL ARTÍCULO 9.2 COMO ROMPECABEZAS JURÍDICO

PLANTEAMIENTO

Este librito tiene una preocupación en mente que se ha gestado en los últimos lustros y que se puede condensar en corto: los debates igualitarios han dejado de hablar de igualdad para observar cómo determinados actores que participan en ellos enarbolan conceptos tales como paridad, perspectiva de género, heteropatriarcado o similares adyacentes, para revindicar bienes y servicios del más variado pelaje a los que tendrían «derecho» porque han sido o son «discriminados». Neolenguaje que solo entiende de verdad quien está en el secreto, en *ese* secreto. Llevamos tiempo haciendo un esfuerzo intelectual y personal no tanto por condenar sino por entender qué los lleva a querer realizar en la práctica lo que ni tan siquiera en la teoría consiguen aclarar. De ahí que desde este lugar intentemos saber, con modestia, qué pueden significar.

Sea como fuere, se aprecia una pauta general que hará de hilo conductor de la obra: la igualdad ya no es revindicada, ahora lo es la diferencia. Y sobre dicha diferencia erigir un edificio de quejas y reivindicaciones que lleve a los miembros del colectivo de turno a gozar de un mejor tratamiento en la faceta vital que corresponda. Creemos que hay material suficiente como para ir desgranándolo por páginas y capítulos porque, aunque no es nuevo lo que se va a decir, sí es relevante: el malestar que proviene de la insatisfacción es el motor de la lectura, reflexión y escritura que son la esencia de eso que hemos dado en llamar «proceso intelectual» (con perdón por la pomposidad fatua)[1].

En el primer capítulo analizamos la paridad de género en el poder ejecutivo, para llegar a una conclusión que ni es novedosa ni especialmente reseñable: el aumento de mujeres en tal poder ha ido aumentando, pero no se aprecia que cualitativamente, eso haya conducido a los respectivos países donde se observa el fenómeno a programas, planes o acciones sensiblemente diferentes.

En el segundo capítulo se analiza qué pudiera ser y significar la llamada perspectiva de género. El esfuerzo es necesario porque es una noción que no

---

1 *Vid.* Salecl, R.; *El placer de la transgresión*, Ediciones Godot, Buenos Aires, 2021, p. 26.

solo tiene ya reflejo en las leyes sino también en las sentencias constitucionales. La principal idea que se desea trasladar al lector es que estamos ante un concepto netamente ideológico que no puede imponerse mediante los actores públicos (en virtud del principio de neutralidad) ni a los ciudadanos (en virtud de la libertad ideológica y de pensamiento y creencias).

En el tercer capítulo pretendemos arrojar luz acerca de una situación eventualmente discriminatoria, como parecía serlo la acaecida en el caso *Alonso Saura*, que llegó al conocimiento del Tribunal Europeo de Derechos Humanos. Se enfrentan dos conceptos mal avenidos. Por un lado, la discrecionalidad del CGPJ (en funciones, para más señas) a la hora de nombrar presidente del Tribunal Superior de Justicia de la región de Murcia a un candidato o a una candidata. Por otro, el principio de igualdad y no discriminación, que la candidata alegó, sin éxito ante las jurisdicciones nacionales y convencionales.

En el cuarto capítulo exponemos los lineamientos básicos de la igualdad en el sistema constitucional argentino. El país hermano tiene una Constitución que, desde el año 1994, contempla no solo la igualdad sino también la posibilidad de adoptar acciones positivas para favorecer a colectivos o minorías vulnerables. La doctrina constitucionalista ha sido bastante cauta a la hora de dar carta de naturaleza a tales medidas, tal y como tendremos la posibilidad de exponer detenidamente.

En el quinto capítulo haremos lo propio con una de las disposiciones más complejas que tenemos en nuestra Constitución: su artículo 9.2. Luego de realizar un breve análisis comparado, histórico y proyecto constituyente, intentamos ofrecer un repaso a la jurisprudencia constitucional que ha empleado el precepto, para dar paso a las opiniones doctrinales vertidas sobre la cuestión. Finalmente, se intenta ofrecer una posible interpretación del precepto, no sabemos si plausible.

Finalizamos con la exposición de una serie de conclusiones que logren —o que al menos intenten— sintetizar los hallazgos encontrados a lo largo de la presente investigación.

CAPÍTULO 1

DEMOCRACIA PARITARIA Y PODER EJECUTIVO

En este capítulo se da cuenta del debate acerca de la democracia paritaria al hilo de la Sentencia SUP-JDC-434/2022 del Tribunal Electoral del Poder Judicial de la Federación (TEPJF) mexicano. Una vez explicadas las principales novedades y aristas que suceden en el caso de autos, se realizan, al hilo de estas, una serie de reflexiones críticas en función de las diversas cuestiones de interés constitucional que suscita el caso, aportando unas conclusiones que sinteticen los hallazgos resultantes.

1. Introducción

En el presente trabajo se va a analizar una resolución judicial sumamente interesante como es la Sentencia SUP-JDC-434/2022, dictada por el Tribunal Electoral del Poder Judicial de la Federación (TEPJF). Para ello prestaremos primero atención a la resolución en sí misma considerada, desmigando los antecedentes de hecho, la fundamentación jurídica que ofrece el Tribunal, el fallo que se alcanza y el voto particular suscrito por el Magistrado discrepante.

Realizada esa tarea pasamos a destacar los principales hitos argumentales que maneja la sentencia puestos en común en torno a algunas ideas-fuerza, en concreto una: que la paridad de género parece antojarse una realidad irrenunciable en buena parte de América Latina en general y en los Estados Unidos Mexicanos en particular (Freidenberg y Saavedra, 2020: 28). Tal aserto se demuestra ya desde la propia dicción literal de las normas federales de México y los resultados que ha producido en la práctica. Aunque, como se verá, esta normativa ha sido discutida a la hora de ser implementada en procesos electorales concretos, como sucede en el caso de autos, concretamente a la hora de elegir Gobernatura en el Estado de Tamaulipas.

Posteriormente, dedicamos diversos apartados a demostrar que, aunque México es una de las repúblicas más paritarias, la calidad de los argumentos que se ofrecen al respecto no suele pasar de las consabidas razones que viene dando el mundo feminista para justificar la presencia femenina política institucional desde los años noventa del pasado siglo, tanto desde el punto de vista cualitativo como desde el cuantitativo. Para analizar los índices de tal presencia femenina en el país hermano, mostramos los datos respecto a la paridad en el Ejecutivo, para que juzgue el lector si, con tales argumentos y datos se debería operar de la misma manera en México o de forma diferente.

Finalizamos con unas conclusiones que pretenden sintetizar los hallazgos resultantes, en el bien entendido de que quedan sometidas al sano debate doctrinal que pudiera derivarse de esta modesta contribución.

2. La sentencia SUP-JDC-434/2022 del Tribunal Electoral del Poder Judicial de la Federación

La Sentencia SUP-JDC-434/2022, objeto de análisis en estas líneas, pone fin a un litigio donde se disputaba la manera en que se había implementado la exigencia normativa de paridad electoral, dentro de un rico debate doctrinal que oscila entre la plena licitud del sistema y las dudas que genera cuando sus principales exigencias se ponen en relación con la igualdad entendida desde el punto de vista formal (Vizcarra, 2020; Ordóñez, 2018; Corona, 2018). Teniendo en cuenta tal extremo, desbrocemos el análisis de esta en cuatro apartados: los antecedentes de hecho; los fundamentos de Derecho; el fallo; y, finalmente, el voto particular del Magistrado discrepante.

2.1. Antecedentes de hecho

La Sentencia SUP-JDC-434/2022 confirma, en lo que fue materia de impugnación, la dictada por el Tribunal local en el expediente TE-RDC-28/2022, en la que a su vez confirmó la resolución pronunciada por la Comisión Nacional de Honestidad y Justicia de MORENA (el partido político por el que se presentaban) dentro del procedimiento sancionador electoral.

El núcleo del litigio tenía que ver con el hecho de que una mujer y un hombre pugnaban por integrar la única candidatura, el único puesto, del partido político a la elección de la Gobernatura. Se optó por rellenar la precandidatura con el candidato masculino, ante lo que la mujer «preterida» se quejó, primero en sede administrativa y posteriormente en vía judicial. Los diferentes procesos y juicios para la ciudadanía, donde la actora decía haber sufrido lesión de sus derechos políticos por no permitirle concurrir a las elecciones.

Las principales alegaciones que la actora realizó, en lo que a este trabajo interesa, se centraron en los siguientes puntos. Por un lado, el partido político lesionó el principio de la participación en condiciones de igualdad entre mujeres y hombres. Por otro, la Comisión interna que acaba promoviendo al candidato masculino frente a la candidata femenina habría vulnerado, además, su derecho a ser votada, toda vez que privilegió en su participación el principio de autodeterminación y autoorganización de los partidos políticos.

La alegación central llega cuando la actora manifiesta que, siempre a su parecer, se violó el principio de paridad de género, en su vertiente cualitativa y sustantiva, por el reparto discriminatorio de candidaturas al interior del partido, ya que dicha formación no consideró la implementación de bloques de competitividad, por lo que en su estima no se cumplió con el principio de paridad horizontal, relegando al género femenino a los estados con menores posibilidades de ganar, además de que tampoco se tomó en cuenta que las mujeres se postularon en los estados con menor índice poblacional; con lo cual estima que se le excluyó de participar políticamente, a pesar de que en las encuestas es la mujer con mayor intención del voto en Tamaulipas y la segunda con mayor preferencia electoral del total de las participantes mujeres de los seis estados de la República.

Ante tal tesitura, el Tribunal Electoral del Poder Judicial de la Federación decide rechazar la pretensión, pues no observa que se haya producido quebranto alguno del ordenamiento constitucional federado, especialmente en lo que hace a aplicar la paridad de género al proceso electoral de la Gubernatura.

2.2. Fundamentos de Derecho

El Tribunal comienza su estudio del fondo del asunto (FD 65) con una técnica ciertamente práctica y elocuente, pues inicia su juicio comunicando a quien quiera leerlo que considera que los planteamientos de la actora son insuficientes jurídicamente para alcanzar la finalidad perseguida, por lo que desestima la demanda y confirma la sentencia dictada en la instancia anterior. Con sus propias palabras. A partir de ahí trenza la argumentación que da soporte jurídico a tal afirmación. Y como no puede ser de otra manera esta comienza con la exposición detallada de las normas que deben ser aplicadas al caso, objeto de la controversia, a lo cual el Tribunal anexa la interpretación jurisprudencial que han dado los altos tribunales mexicanos.

¿Qué podemos destacar de esta compleja e interesante *ratio decidendi*? Sin duda alguna, los razonamientos que incluyen el juicio en torno a la paridad de género y, en concreto, por qué motivos el Tribunal entiende que no se han lesionado los bienes, valores o derechos en liza. La parte más interesante reside en los argumentos jurisdiccionales esbozados en la sección III, titulada: «Agravios en los que se plantea una supuesta simulación en cuanto al cumplimiento de la paridad de género». En esta, el Tribunal destaca los siguientes pareceres.

En primer término, se hace eco de las quejas de la demandante (FD 93). El partido político habría incumplido lo establecido en las normas de la convocatoria electoral por haber optado por presentar candidaturas únicas y cerrar así el paso al resto de contendientes internos. Además, el proceso interno careció de reglas claras sobre la metodología a emplear, tomando indicadores para el género que no constituían (ni podían constituir) factores objetivos de competitividad.

En ese sentido, recuerda el Tribunal, la actora alegaba que no se tomó en cuenta el factor de competitividad. Y, finalmente, aunque no por ello menos importante, el principio de paridad de género, en su vertiente cualitativa y sustantiva, no fue analizado por el Tribunal responsable no obstante la discriminación realizada por el partido político MORENA hacia las mujeres, debido a que postula al género femenino en los Estados en los que menos posibilidades de triunfo tiene.

El Tribunal entiende que los agravios alegados son infundados (FFDD 94-116). En ellos argumenta el órgano jurisdiccional ofreciendo una serie de razones atendibles. Por un lado, dado que en el acuerdo emitido por el Instituto Nacional Electoral (INE) se estableció como criterio que cumple la paridad que los partidos políticos nacionales debían postular al menos a tres mujeres como candidatas a las Gubernaturas, sin incluir parámetro adicional de competitividad. Por otro, recuerda que el partido político cumplió las reglas paritarias vigentes en el momento de las elecciones que dieron pie al contencioso. Tales reglas no fueron cuestionadas por la ahora demandante, lo que implica no solo aceptación de estas desde el punto de vista legal formal sino su aplicación práctica a los comicios correspondientes. Finalmente, el Tribunal dice que MORENA cumplió formalmente las reglas paritarias por lo que no es posible revocar los actos acaecidos a su amparo.

El Tribunal introduce, posteriormente, una exigencia interesante. Habiendo dicho lo anterior, el Tribunal constata que tales reglas distan de ser claras, sobre todo en lo que hace a garantizar la paridad sustantiva, por lo que ordena a los partidos políticos que definan dichas reglas pro-futuro y previamente y se precise cómo aplicarán la competitividad a fin de garantizar la paridad sustantiva. Tales formaciones partidarias deben definir ex ante en qué entidades se debe postular candidaturas de mujeres y hombres, amén de que se ofrezca publicidad y transparencia en su aplicación práctica a tales criterios (FD 100).

La decisión final respecto a este bloque de agravios por parte del Tribunal Electoral del Poder Judicial de la Federación (FD 117 y ss) estriba en declarar infundados e inoperantes las demandas de la actora. Se le atendió en vía jurisdiccional y administrativa conforme dictan sus derechos fundamentales y la resolución del caso resultó negativa.

Esto contrasta, dicho sea de paso, con otros casos que acabaron en éxito procesal, donde la importancia de la paridad de género era más relevante para el juicio de. No es baladí recordar que la doctrina insiste en la importancia de la cobertura jurídica internacional de este tipo de políticas, sobre todo por el efecto no ya normativo sino promocional de este tipo de medidas (ÁLVAREZ, 2023: 276).

2.3. Fallo

El TEPJF establece los efectos de su resolución (FD 123) y posteriormente emite el Fallo propiamente dicho (Resolutivos).

Respecto al primero considera procedente confirmar la sentencia de autos impugnada, en lo que fue materia de controversia, y ordenar a MORENA y demás partidos políticos nacionales que, a partir del próximo proceso electoral para Gubernaturas en que participen, definan reglas claras en las que precisen cómo aplicarán la competitividad en la postulación de mujeres a sus candidaturas, según establecen los criterios mínimos precisados en esta resolución, vinculándose al INE para que supervise que se emitan tales reglas de paridad sustantiva y verifique que, en los registros de sus candidaturas, todos los institutos políticos participantes cumplan tales criterios.

Respecto al segundo, establece en primer término la confirmación de la sentencia impugnada, en la materia objeto de controversia. En segundo término, se ordena a MORENA y al resto de partidos políticos nacionales, así como al INE, que atiendan los efectos señalados en la sentencia aquí comentada.

El primero de los motivos de desestimación se compartió de forma unánime por el pleno del Tribunal, no así el segundo, con la opinión en contra del Magistrado Indalfer Infante Gonzales, quien emitió un voto particular cuyas vigas maestras pasamos a exponer seguidamente.

2.4. Voto particular

El Magistrado Infante Gonzales discrepa respetuosamente del criterio de la mayoría. Sus reflexiones tienen interés, toda vez que son de calado y gravitan en torno a si se puede imponer o no a los partidos políticos (como hace la sentencia de la mayoría, tal y como hemos visto) criterios específicos para que contemplen disposiciones paritarias.

Infante comprende que la paridad es un imperativo impostergable del sistema electoral y debe verificarse si los partidos cumplen con dicho postulado, de raigambre ya constitucional. Con lo que se manifiesta en profundo desacuerdo es con que la sentencia obligue a MORENA y al resto de partidos políticos (ni siquiera parte en el proceso) a que aprueben las normas paritarias pertinentes y, además, que el INE supervise que todas esas formaciones cumplan con ellas. Máxime cuando ya existían esas reglas y estas decían que, de las seis gubernaturas en liza, por lo menos tres deben corresponder al género femenino.

A partir de ahí, MORENA establece una serie de reglas para la presentación de candidaturas en las que el partido maneja, haciendo una estimación tentativa de dónde sería más votado y dónde menos. En otras palabras —estas siempre nuestras— el partido político hizo una serie de cálculos electorales y en función de tales cálculos se creyó que las opciones de triunfo pasaban por aplicar la paridad como se hizo. Quien ganaba la encuesta era el candidato masculino y MORENA decidió obrar en consecuencia y postularle a él para la elección.

En concreto, MORENA postuló en su bloque de alta competitividad a un hombre (Oaxaca) y a una mujer (Quintana Roo); en su bloque de competitividad media, postuló a dos hombres (Tamaulipas) (Hidalgo), y, finalmente, en su bloque de competitividad baja postuló a dos mujeres, pese a que quienes ganaron las encuestas en esas posiciones fueron hombres. El propio partido estableció otro factor para definir el género de las personas que habrían de ser consideradas a la precandidatura, a partir del género con mayor aceptación con la población.

Dicho con otras palabras, MORENA tenía plena autodeterminación para poder elegir entre un hombre o una mujer a dicha Gubernatura, extremo comprobado después por el INE, que establecía en sus reglas que existía la obligación de postular tres hombres y tres mujeres, cosa que, insistimos, el partido de autos realizó.

Dirá el Magistrado que las acciones positivas y las libertades de los partidos políticos de autoorganización pueden convivir, que en este caso el partido cumplió *de facto* con el postulado paritario y que tales reglas deben emitirse en sede legislativa por los Parlamentos de los Estados y no por los partidos políticos, porque aun cuando estos tienen la obligación de postular candidaturas en condiciones de paridad, sus reglas deben partir de lo que regule la legislatura (ap. 27).

Es esta última una afirmación luminosa, toda vez que conviene legislar estas cuestiones para ofrecer seguridad jurídica y uniformidad de criterios, garantías constitucionales que conducirían, muy probablemente, a ordenar mejor los procesos electorales y evitar, hasta cierto punto, su litigiosidad jurisdiccional (Garrote de Marcos, 2020).

3. Reflexiones al hilo de la sentencia SUP-JDC-434/2022, del Tribunal Electoral del Poder Judicial de la Federación

Durante los últimos años, se ha observado un incremento en la cantidad de mujeres en puestos de liderazgo político. Sin embargo, los datos muestran que la situación política actual dista mucho de presentar una igualdad completa en comparación con los líderes masculinos. La cuestión presenta diversas aristas y problemas, que la doctrina estudia con profundidad y a cuyo análisis remitimos desde estas líneas, también en lo que hace a la demostración de tales datos (Mayordomo, 2022).

La igualdad de género es un tema crucial en la sociedad actual, y una de las áreas en las que más se ha trabajado en los últimos años es en la igualdad de género en Parlamentos, partidos políticos y Gobiernos. Lo que viene a continuación opera también como reflexión de fondo en torno a este tipo de políticas en un mundo cada vez más polarizado (Lapuente, 2021). No obstante, el mantra repetido hasta la saciedad por parte de la literatura académica constitucionalista feminista es que se ha logrado mucho, pero resta todavía muchísimo más por hacer, lo cual sirve también como mantra que auto justifica las medidas propuestas, por muy peregrinas que sean (Salazar, 2022).

La doctrina administrativista ha puesto, por su parte, énfasis en la protección europea que se confiere a fenómenos como la homofobia, que pretenden defender una igualdad de mínimos que permita hacer una vida digna a tal colectivo (Bouazza, 2022). Sea como fuere, al final se acaba imponiendo la idea, constatada no con cierta desazón por quien esto escribe, de que las reivindicaciones acaban siendo cooptadas por lo que ciertos sectores doctrinales denominan «feminismo radical» (Contreras, 2022). Eso cuando no se procede a mitificar al ser humano femenino, como si fuera una suerte de ángel de la guarda, y negando así la propia esencia de todo ser humano, que se compone del resultado cotidiano de la lucha entre el bien y el mal que anida dentro de todos nosotros (Cercas, 2023: 214).

3.1. El liderazgo político femenino

La situación del liderazgo político femenino debe tener en cuenta las barreras y obstáculos que enfrentan las mujeres políticas tanto en el acceso como en el desempeño de puestos de liderazgo, especialmente referido al poder ejecutivo, a pesar de que se irán desplegando ejemplos también relativos al poder legislativo y al ámbito, más restringido, de los partidos políticos. El enfoque del trabajo se centra en el papel de las mujeres en la política en general, con especial prevalencia del caso mexicano, por razones obvias.

Es reseñable que las principales líderes políticas tienen un rol cada vez más importante y activo en la actualidad. Quizá la legislación vigente en temas de igualdad que afecta a las mujeres en su vida diaria, la distinción entre género y sexo, y la presencia de la mujer en las candidaturas de los partidos políticos, así como su papel en las instituciones gobernadas por diferentes partidos han coadyuvado en generar un flujo positivo respecto de la igualdad.

Esto se aprecia en el caso de México, uno de los países que goza de mejores índices de presencia institucional política femenina, con un Congreso a día de hoy compuesto por un 51 % de mujeres (IDEA, 2017 y 2023). Por dar un dato, el 6 de junio de 2021, México implementó por primera vez su mandato constitucional de «paridad de género en todo». En 2018, las mujeres ganaron la mitad de los escaños en el Congreso Federal. México impulsó una reforma constitucional pionera: la paridad de género para todos los candidatos a cargos de elección popular y para los puestos más altos de los poderes ejecutivo y judicial. La llamada «paridad en todo», obtuvo un éxito abrumador en mayo de 2019, dado que se constató que ni un solo miembro del Congreso votó en contra.

Respecto de los cargos en los poderes ejecutivos en el caso mexicano, la realidad vuelve a demostrar que la participación del 44 % de mujeres en ellos indica que ya existen ciertas prácticas paritarias de facto y que, como suele suceder, las legislaciones van un par de pasos por detrás de ellas. Cabe contextualizar estos datos, dado que la región que podríamos llamar «América Latina, El Caribe y la Península Ibérica», que integra 39 países, presenta un total de 28.7 % de mujeres.

Esto ha conducido a la afirmación de que se ha producido un aumento discreto de participación de mujeres en los gabinetes presidenciales considerando los últimos tres periodos de gobierno. En los países de América Latina, ha habido incrementos leves, con promedios de aumento de 23,5 % (periodo previo al anterior), 23,9 % (periodo anterior) y 28,7 % (último periodo presidencial).

Los países latinoamericanos que han tenido los mayores incrementos entre el penúltimo periodo y el actual son: Chile, México, Panamá y Argentina. Se destaca Chile, que a partir de marzo del 2022 detenta un gabinete presidencial integrado por un 58 % de mujeres, lo que le sitúa actualmente como el país con mayor representación de mujeres a nivel regional; seguido por Costa Rica (50 %), México (44 %) y Colombia (41,5 %). Los países en América Latina con menor participación de mujeres en sus gabinetes presidenciales son: Brasil (6,3 %), Uruguay (10 %) y Guatemala (11,5 %). También debe anotarse que el fracaso de la primera constituyente chilena ha conducido a una nueva elección para la segunda constituyente, con un perfil ideológico conservador.

En los países del Caribe, los incrementos en relación con el periodo anterior también han sido leves, pasando de un 19,5 % a un 21,6 % de mujeres en los 18 gabinetes analizados. Este incremento se explica por el aumento en la presencia de mujeres en los gabinetes presidenciales de Barbados (+25,6 p.p.), Guyana (+20,6 p.p.), las Islas Vírgenes Británicas (+20,0 p.p.) y Anguila (+15,0 p.p.), siendo este último el país de Caribe con mayor proporción de mujeres en su gabinete ministerial (40 %), seguido por Guyana, con un 36,4 %, y Trinidad y Tobago junto con Dominica, ambos con una participación del 33 % de mujeres en sus respectivos gabinetes (Observatorio de Igualdad de Género en América Latina y el Caribe, 2023).

No menos cierto es que, como hemos anotado en trabajos anteriores dedicados al país hermano (ÁLVAREZ, 2022 y 2023), las mujeres políticas mexicanas sufren todavía hoy de una violencia extremadamente dura por el mero hecho de dedicarse a la política, especialmente cuando hablamos de la representación local, no tanto a nivel de gubernatura y/o federal. Esta triste y amarga realidad ha sido ampliamente documentada desde la Ciencia Política contemporánea (FERNÁNDEZ PONCELA Y MARTÍNEZ, 2023) Mucho nos tememos, y desolador es constatarlo, que este problema es a su vez la consecuencia de otro de mucha mayor envergadura que anida en el corazón de la democracia mexicana. Hasta que no se resuelva el principal, no se resolverá el *adyacente*.

3.2. La paridad en los Ejecutivos: ¿deseo o realidad?

En otro lugar pudimos explayarnos sobre la paridad electoral desde la perspectiva del poder legislativo, comparando los datos que ofrecía la realidad mexicana con las principales tendencias que manifestaba la realidad comparada. La conclusión era que México figuraba entre los países más paritarios del mundo (ÁLVAREZ, 2022 y 2023).

Respecto a la paridad electoral en los Ejecutivos hay muchos menos datos, porque las normas que establecen este tipo de mecanismos *parificadores* suelen referirse normalmente a listas electorales y a cargos públicos representativos parlamentarios. Existe otro dato adicional que afecta a la paridad gubernamental, que es la que aquí concitará nuestra atención. Quien procura (o no) dicha paridad suele ser el presidente del gobierno de turno. El Ejecutivo es un poder que atesora mucho poder, valga la redundancia, y sobre el que los controles suelen ser más lábiles. Todavía resuenan los ecos de aquella polémica sobre los actos políticos y los actos jurídicos, los primeros no sometidos al control del Derecho. O la técnica de la discrecionalidad, donde de las diferentes opciones que se le ofrecen al gobernante para formar su gobierno, elige a quienes mejor estima, dentro de un marco legal que impone unos requisitos muy menores. La paridad es un deseo que el presidente cumplirá o no, sin que se le puedan pedir cuentas si no lo hace.

Dicho lo anterior, vayamos al poso que deja el caso analizado en líneas anteriores. Lo primero que salta a la vista es que el partido político MORENA cumple la paridad, lo que sucede es que lo hace conforme a sus propios dictados, más en concreto respecto a una serie de encuestas que revelan, *a priori*, una estimación fiable de la voluntad del electorado. Así las cosas, la formación decidió presentar a la elección a la Gobernatura a un hombre y no a una mujer. Insistimos en que esa decisión se toma dentro del marco paritario exigido por las normas electorales. Al no satisfacer los deseos de una candidata, finalmente no postulada, se interpone juicio ciudadano, origen de la sentencia que aquí glosamos.

¿Cabe remediar esta situación? Caber, cabría. Se puede establecer una disposición legal a nivel gobernatura donde las elecciones a esta deban proveerse con candidatos en condiciones de paridad. O establecer la filosofía de la lista-cremallera y exigir, en el conjunto del total de los candidatos, que la alternancia hombre-mujer sea real y efectiva. Hay diferentes soluciones posibles a un problema que no es jurídico ni técnico sino, en buena parte de las ocasiones, trasunto de las inercias y corrientes internas de los partidos y de la forma que estos tienen de cumplimentar las listas electorales. Como hemos prestado atención a ese fenómeno en diversos trabajos (ÁLVAREZ, 2020 y 2023), remitimos al lector a los mismos para su consulta.

Otro argumento que puede blandirse es que otros Ejecutivos federados, o similares, son paritarios y bastaría con emular su modelo. Pero cuando uno accede a los datos de tales Gobiernos, lo cierto y verdad es que existe mucha disparidad en función de las diferentes realidades que presentan. Acudimos, sin ir más lejos, al ejemplo de España. Los datos más recientes muestran las tendencias que aquí se apuntan, de forma pertinaz y contumaz.

3.3. La paridad en los Ejecutivos autonómicos

Después del último ciclo electoral, y antes de que se formen los nuevos gobiernos derivados de las elecciones municipales y autonómicas de 2023, el gobierno autonómico de Castilla y León, primer Ejecutivo de coalición entre el PP y Vox, fue el menos paritario de España, con nueve hombres y tres mujeres.

Si se tiene en cuenta el total de cargos (presidencia, vicepresidencia y consejerías), el porcentaje de mujeres que los ocupan se queda en un 25 %, cifra que está muy alejada del 50 % e, incluso, de lo marcado por la Ley Orgánica 3/2007, de Igualdad Efectiva entre Mujeres y Hombres, que establece una participación equilibrada de hombres y mujeres en las listas electorales, en todos los ámbitos de las Administraciones Públicas y en los Consejos de Administración de las empresas, de forma que ningún sexo supere el 60 % ni esté por debajo del 40 %.

Volviendo al caso de Castilla y León, con la presidencia y la vicepresidencia ocupada por dos hombres (Alfonso Fernández Mañueco, del PP, y Juan García-Gallardo, de Vox, respectivamente), hay tres consejerías dirigidas por mujeres: la de Familia e Igualdad de Oportunidades (Isabel Blanco), la de Educación (Rocío Lucas) y la de Movilidad y Transformación Digital (María González Corral). Todas son del Partido Popular, ya que ninguno de los cuatro cargos que tiene Vox dentro del Ejecutivo de coalición lo ocupan mujeres.

La versión oficial de los hechos pretendía hacer creer que la falta de paridad se debía a que se había pactado con Vox y que esta formación, al ser calificada de *ultraderechista*, era refractaria por definición y naturaleza al principio de igualdad. La falta de paridad en la nueva Junta castellanoleonesa empeora la proporción que había en el primer equipo de gobierno de Mañueco, que, aunque empezó teniendo también solo tres mujeres entre sus 11 miembros, llegó a tener cuatro tras la entrada de Ana Carlota Amigo (Ciudadanos) como consejera de Empleo.

Pero todo eso sucedió antes de que el dirigente del Partido Popular decidiera romper con su socio de gobierno, cesase al vicepresidente y los consejeros de Ciudadanos y forzase el adelanto electoral. Terminó la legislatura con cinco consejeros y dos consejeras. Por cada mujer consejera había tres hombres, una proporción que se mantiene ahora con su nuevo socio, Vox. Por tanto, no se puede achacar la falta de paridad exclusivamente al acuerdo sellado con Vox porque el actual presidente de la Junta no buscó tampoco antes de la coalición la igualdad formal.

Es más, Mañueco empeoró en su primera legislatura unas cifras previas que eran mucho más paritarias. Su predecesor, Juan Vicente Herrera, presentó en 2015 un equipo que tenía como vicepresidenta a una mujer y en el que, de un total de diez responsables, cinco eran hombres y cinco, mujeres. Se puede afirmar que, en términos de paridad, la Junta de Castilla y León no ha hecho más que decaer. Habría que remontarse a los gobiernos de Juan José Lucas, presidente entre 1991 y 2001, para encontrar una proporción de hombres y mujeres parecida. En el año 1995 el equipo de gobierno estaba compuesto por dos mujeres y ocho hombres.

¿Esto que se acaba de decir es una excepción dentro del oasis paritario español o es la regla general? La respuesta depende del grado de tendenciosidad que uno desee abrazar. Como desde aquí no queremos participar de esa filosofía, expondremos los últimos datos encontrados para elaborar el presente estudio y que sea el lector el que juzgue por sus propios medios. También remitimos a estudios científicos que miden las tendencias sucedidas en la materia y esta es clara: mientras que en el poder legislativo las cuotas electorales y/o la paridad se han abierto paso hasta consolidarse y mejorar los índices de presencia femenina, no sucede así ni en el poder ejecutivo nacional ni en los autonómicos (Muñoz Conde, 2022).

La regla general es que existe unas diferencias notables en cuanto a territorios. Estableciendo el equilibrio en el 50 %, Castilla y León (25 % de mujeres) comparte la falta de paridad con otras 11 comunidades, pero lidera este ranquin de desigualdad. Al contrario, Extremadura cuenta con siete mujeres entre los 11 miembros de la Junta que preside Guillermo Fernández Vara (PSOE), el 64 %. También en la Generalitat de Cataluña la presencia de mujeres es mayoritaria (ocho frente a siete) y hay paridad absoluta en Navarra, la Comunidad Valenciana y Baleares, territorios donde gobierna el PSOE en coaliciones multipartidistas con otras formaciones de izquierda.

Sin embargo, hay cinco comunidades donde la presencia de mujeres en los gobiernos es del 40 % o menor: la citada Castilla y León, junto a Murcia (30 %), Castilla-La Mancha (36 %), la Comunidad de Madrid y Cantabria (40 %). Otras autonomías, como La Rioja, Canarias, Asturias y Aragón, que no pueden conseguir la paridad absoluta por tener un número impar de consejeros, inclinan todas las balanzas hacia un mayor número de hombres. Hay, por consiguiente, mucha variabilidad en ese particular mapa de España, cuyo Gobierno nacional dice ser el Ejecutivo con mayor número de mujeres en la historia reciente española.

Si acudimos a lo que sucede dentro de esos Ejecutivos autonómicos, observamos que el 45 % de las consejerías las dirigen mujeres. En total, el 44,6 % de los consejeros en los gobiernos autonómicos en España son mujeres, 87 de un total de 195, una cifra que incluye también las figuras de la presidencia y las vicepresidencias. Y esa es una cuestión capital dado que la presencia y representación de las mujeres en los gobiernos autonómicos se mide también por la importancia orgánica de sus funciones. En comparación, las cuatro mujeres que presiden un gobierno autonómico en España (Francina Armengol en Baleares, Isabel Díaz Ayuso en Madrid, María Chivite en Navarra y Concha Andreu en La Rioja) son solo un 23,5 % del total y evidencian lo que las feministas llaman «techo de cristal», que es el límite que no podría rebasar una mujer al pretender ascender profesionalmente, sea el ámbito que sea y se adopten las medidas que se adopten. El motivo aducido es la existencia de una serie de barreras invisibles, debidas a su vez a una serie de relaciones de reciprocidad causa-efecto que se retroalimentan entre sí (MARTÍN GUARDADO, 2022: 77).

Este dato es apreciable en las vicepresidencias autonómicas. De las 20 que hay, solo cuatro (el 20 %) las ocupan mujeres. Son Mónica Oltra (Comunidad Valenciana), Pilar Blanco-Morales (Extremadura), Isabel Franco (Murcia) e Idoia Mendía (País Vasco), todas vicepresidentas en comunidades presididas por hombres. Oltra, en su día líder de Compromís, adquirió mayor relevancia y visibilidad que el otro vicepresidente de la Comunidad Valenciana, Héctor Illueca, por ostentar también el puesto de portavoz de la Generalitat, una función que aporta un plus de notoriedad pública. No obstante, la caída en desgracia de la vicepresidente por un turbio asunto que comprometía a quien era su marido en el momento en que parece que se excedió con alguna menor que estaba bajo su tutela en los centros de menores, le quitó la pátina mediática. En dicho puesto, el de portavoz del ejecutivo regional, que aparece en el organigrama de 14 comunidades, hay otras cuatro mujeres, es decir, un 35,7 % del total. Son Mayte Pérez (Aragón), Melania Álvarez (Asturias), Blanca Fernández (Castilla-La Mancha) y Valle Miguélez (Murcia). Todas ejercen esta función de portavocía y son además consejeras de otros departamentos. En Cataluña, la portavoz era una mujer, Patrícia Plaja, pero no figura en el organigrama de los departamentos de la Generalitat.

Otro dato interesante es observar qué sucede desde el punto de vista horizontal. Esto es, qué consejerías tienen más mujeres, qué perfil tienen las primeras y si encajan o no en el mismo las segundas. La máxima que se aprecia es constatable, tal y como hicimos en los trabajos antes reseñados, en las Comisiones Legislativas: hay más mujeres en consejerías «sociales» o «suaves» y menos en las «políticas» o «duras». Dicho con otras palabras: se aprecia también un sesgo hacia el nombramiento de mujeres al frente de departamentos que tradicionalmente se asocian con roles femeninos: los asuntos sociales y las propias políticas de igualdad. Así, de las 14 comunidades que tienen una consejería dedicada a las políticas de Igualdad, 12 de ellas, el 86 %, son dirigidas por una mujer. La excepción se sitúa en Cantabria (el vicepresidente, el socialista Pablo Zuloaga, incluye esta competencia entre sus otras atribuciones) y en Navarra, en la persona del vicepresidente primero, Javier Remírez.

También en las consejerías que se dedican a los derechos sociales y los asuntos sociales hay amplia mayoría de mujeres: el 88 %, y únicamente hay dos hombres que incluyen los servicios sociales en su cargo, en Extremadura (el vicepresidente segundo, José María Vergeles) y en La Rioja (Pablo Rubio). En los departamentos que gestionan la agricultura, la ganadería y la pesca, así como el empleo, también hay mayoría femenina (59 %).

En cambio, los hombres son mayoría en las consejerías de Interior, Justicia y administraciones públicas (75 %); vivienda, fomento y movilidad (65 %), y en economía y hacienda (64 %). También en las que llevan en su nombre las materias de educación (59 %). Y la igualdad plena está cerca en los campos de industria, comercio y turismo, en los cuales 12 mujeres y 11 hombres tienen alguna de estas competencias en sus consejerías.

3.4. La paridad en función de los partidos políticos

Resta por dar un dato clave para entender las anteriores cifras y sus razones: los índices de paridad en función del partido político. También aquí se cumple lo que hemos anotado previamente: los partidos que se autoproclaman de izquierdas hacen bandería política no ya de la igualdad sino de la paridad (huelga decir que no son lo mismo) y pretenden hacer lo propio en la formación de los ejecutivos autonómicos. El PSOE es la formación con más mujeres en los gobiernos autonómicos, con 87, y casi alcanza la igualdad de representación.

Con muchos menos miembros en los gobiernos, la mayor presencia de mujeres en partidos de izquierda se da en Podemos y Compromís. Y, en este sentido, el más feminista es *Junts*, que tiene a cuatro mujeres entre sus seis consejeros en el Gobierno que comparte con ERC, que preside la Generalitat, pero no llega a la paridad en sus dirigentes autonómicos. El PP, con 47 representantes en los gobiernos autonómicos, tiene aproximadamente un 40 % de consejeras. Con cinco consejeros en la actualidad en toda España, Ciudadanos tiene a dos mujeres y tres hombres, y Vox no tiene ninguna mujer en el único Gobierno en el que está presente, el de Castilla y León. El total se acerca bastante al objeto de oscuro deseo paritario: 108 consejeros y 87 consejeras.

3.5. Retos paritarios por venir

A la fecha de cierre de estas líneas, el Gobierno de España ha aprobado un anteproyecto de ley para elevar la paridad obligatoria al 50 % en toda lista electoral y para que el Ejecutivo nacional, los autonómicos y algunos órganos constitucionales como el Tribunal Constitucional, el Consejo de Estado o el Consejo General del Poder Judicial se elijan siguiendo los criterios más estrictamente paritarios. Además, impone otro tanto en los consejos de administración de las empresas que cotizan en el IBEX-35 y a empresas en general. Las primeras voces que se han pronunciado sobre este todavía proyecto no convertido en ley (que inevitablemente debe gozar de rango orgánico, pues modifica varias leyes orgánicas) hablan de una disposición «excesiva» y hasta «inconstitucional». Tal caso ha sido el de Herrero de Miñón, consejero de Estado y jurista de prestigio (ABC, 2023). De hecho, incluso en informe favorable emitido por el CGPJ ha dejado entrever que, redactada tal y como está, sería de imposible aplicación en instituciones como el TC, que tienen ya de por sí unas complejas reglas para renovar el órgano (ABC, 2023).

La explicación oficial del anteproyecto de ley de paridad de 2023 también es bastante elocuente, pues explica a la perfección el signo de los tiempos. Dice el texto oficial que La Moncloa ha colgado en Internet que «el Consejo de Ministros ha aprobado, en segunda vuelta, para su remisión al Congreso el proyecto de Ley orgánica de representación paritaria de mujeres y hombres en los órganos de decisión, para garantizar la paridad en la política, la administración y las empresas, ampliando su alcance a los órganos constitucionales y de relevancia constitucional».

El anteproyecto de ley para garantizar la representación paritaria de mujeres y hombres en la política, la Administración y las empresas es una iniciativa del gobierno de España que busca promover la igualdad de género y la participación equitativa de mujeres y hombres en los ámbitos políticos, administrativos y empresariales. Se aprobó formalmente en mayo de 2023 y ahora debe ser remitido al Congreso de los Diputados para su tramitación. No obstante, la inminente celebración de elecciones generales en julio de 2023 conllevará que o bien la reforma se tramite con excesiva celeridad sin apenas debate, o bien la iniciativa decaerá por la disolución parlamentaria y la medida solo habrá servido como impulso político-electoral de los partidos en el Gobierno de coalición, señaladamente para el socialista.

En este sentido, la propuesta de ley pretende establecer mecanismos que garanticen la presencia equilibrada de mujeres y hombres en los órganos de decisión y de representación en los distintos entornos de la vida pública. Para ello, se establece la obligatoriedad de que las listas electorales y los órganos de dirección de las empresas y de la administración incluyan una presencia equilibrada de mujeres y hombres. La primera norma, la Convención sobre la Eliminación de todas las formas de Discriminación contra la Mujer (CEDAW), fue ratificada en 1979. La II Conferencia tuvo lugar en Copenhague en 1980, seguida de la III Conferencia, en Nairobi, en 1985. Sin embargo, la igualdad entre hombres y mujeres no se situará en un lugar central de la agenda política internacional hasta la Cumbre de Beijing en 1995 —en la que todos los países firmantes, incluida España, asumieron el compromiso de alcanzar el 30 % de mujeres en puestos de decisión— y los Objetivos de Desarrollo del Milenio, aprobados en el año 2000 y reformulados en buena medida en la tan cacareada Agenda 2030.

En el ámbito político, la propuesta de ley plantea la necesidad de que las listas electorales se integren de forma equilibrada por mujeres y hombres, y que la presencia de mujeres en los órganos de decisión se incremente progresivamente hasta alcanzar una paridad efectiva. Además, se establecen sanciones para aquellos partidos políticos que no cumplen estas normas. No cabe eludir que el derecho fundamental de acceso en condiciones de igualdad a los cargos públicos representativos podría imponer un límite injustificado al derecho de sufragio pasivo, sobre todo porque el legislador se ha olvidado de la necesaria temporalidad de estas medidas, pues no solo no han desaparecido una vez conseguido el objetivo primigenio, sino que se han intensificado sus regulaciones.

El Anteproyecto se aplica a tres vertientes: política, Administración y empresas. Esto significa que se espera que haya una distribución equitativa de mujeres y hombres en los cargos políticos, en los puestos de responsabilidad de la Administración pública y en los consejos de administración de las empresas. Se incluyen varias medidas para la promoción de la igualdad de género.

Profundizar en el sistema de cuotas es una de las medidas centrales del proyecto. Se propone establecer un sistema de cuotas para garantizar una representación equitativa de mujeres y hombres. Esto significa que se exigirá a las empresas, partidos políticos y a la Administración pública que tenga un número mínimo de mujeres y de hombres en sus consejos de administración, listas electorales y puestos directivos. El proyecto pergeña incentivos económicos para aquellas empresas que promuevan la igualdad de género en sus estructuras, que podrían ser subvenciones, bonificaciones fiscales o contratación preferencial por parte de la Administración pública. Dicho con otras palabras: solo pagando dinero abrazarán el postulado paritario.

Los planes de igualdad son moneda corriente. Se establece la obligatoriedad de elaborar planes de igualdad en las empresas y en la Administración pública, los cuales deben incluir medidas para promover la igualdad de género en el ámbito laboral y medidas para prevenir y combatir el acoso sexual. Respecto a la sensibilización y formación, el anteproyecto hace hincapié en la necesidad de sensibilizar y formar a los trabajadores sobre la igualdad de género y la no discriminación. Se propone la elaboración de programas específicos de formación y sensibilización en materia de igualdad de género, así como la inclusión de este tema en los programas educativos.

En cuanto a la evaluación y seguimiento de las medidas adoptadas, nace la obligación de realizar evaluaciones periódicas para medir el grado de cumplimiento de la ley y su impacto en la promoción de la igualdad de género. También se propone la creación de un órgano independiente encargado de supervisar el cumplimiento de estas medidas.

En suma, el anteproyecto de ley para garantizar la representación paritaria de mujeres y hombres en la política, la Administración pública y las empresas es una iniciativa necesaria para promover la igualdad de género y la participación equitativa de mujeres y hombres en los alrededores públicos y privados. Si se implementa de forma efectiva, puede contribuir a la construcción de una sociedad más justa y equitativa.

Un aspecto pertinente del análisis es conocer la base real donde va a operar esta medida. Los datos que suministra el Instituto de las Mujeres son elocuentes: la paridad en los cargos ejecutivos es cada vez mayor. Por lo que, dicho sea de paso, no casa bien con la presunta necesidad y urgencia de una norma como la que el anteproyecto establece. En el poder ejecutivo nacional, el número de ministras ha oscilado en las dos últimas legislaturas entre el 47.8 % y el 62.50 %. En 2022, los datos para el poder ejecutivo autonómico también mejoran: el 21 % de mujeres son presidentes de sus comunidades, mientras que la media de mujeres consejeras alcanza el 48.7 %. A estos datos se le añade otro adicional de no menor importancia: el 63.7 % de Delegados del Gobierno son mujeres (INSTITUTO DE LAS MUJERES, 2023).

La norma proyectada tiene como meta cumplir con el objetivo de la Agenda 2030 de Naciones Unidas, basado en garantizar a las mujeres y niñas «las mismas oportunidades que los hombres y los niños en el empleo, el liderazgo y la adopción de decisiones a todos los niveles» (MINISTERIO DE ASUNTOS SOCIALES, 2023).

En concreto, el nuevo texto extiende los objetivos de paridad y participación equilibrada, garantizando que las personas de cada sexo no superen el 60 % ni sean menos del 40 %, ampliando su alcance a los órganos constitucionales y los órganos de relevancia constitucional, como el Tribunal Constitucional, el Consejo Fiscal, el Consejo de Estado, el Tribunal de Cuentas y el Consejo General del Poder Judicial.

Esta iniciativa continúa la senda trazada por la Ley orgánica 3/2007, de 22 de marzo, para la igualdad efectiva de mujeres y hombres, que incorporó el principio de representación equilibrada entre mujeres y hombres. Y traspone la Directiva (UE) 2022/2381 del Parlamento Europeo y del Consejo, de 23 de noviembre de 2022, relativa a un mejor equilibrio de género entre los administradores de las sociedades cotizadas y medidas conexas, con lo que España asume una posición de liderazgo a la hora de incorporar a su ordenamiento las normas y recomendaciones internacionales relativas a la igualdad de género.

La nueva norma busca garantizar la representación efectiva de las mujeres en el ámbito político. Para ello, modifica la legislación electoral con el fin de establecer la obligatoriedad de las listas cremallera (candidaturas integradas por personas de uno y otro sexo ordenadas de forma alternativa) en las elecciones de miembros del Congreso, Senado, Parlamento Europeo, asambleas autonómicas, municipios, consejos y cabildos insulares.

También traslada al máximo órgano ejecutivo del Estado, el Consejo de Ministros, el principio de representación equilibrada, consistente en que ningún sexo debe tener una presencia inferior al 40 % de los puestos en dicho órgano. Este principio se aplicará a la hora de nombrar a las personas titulares de las vicepresidencias y de los ministerios en su conjunto.

Y en el ámbito de la Administración General del Estado, los órganos superiores y directivos (por ejemplo, las secretarías de Estado, las subsecretarías y las direcciones generales) de cada ministerio deberán incorporar también este principio en los próximos cinco años. La obligación se extenderá a todas las entidades del sector público estatal.

La representación equilibrada se extiende a la sociedad civil, porque el proyecto de ley incorpora el mencionado principio de representación equilibrada a distintos ámbitos de la sociedad civil, especialmente el empresarial. Actualmente, la presencia de mujeres en los consejos de administración de las sociedades cotizadas en España se sitúa en el 29,3 % (357 consejeras de un total de 1.220), y se limita al 19,6 % en el caso de la alta dirección (excluidas altas directivas consejeras).

Sin embargo, con la nueva norma, los consejos de administración de las sociedades cotizadas y de las entidades de interés público que tengan más de 250 trabajadores y una cifra de negocios de más de 50 millones de euros o un activo superior a 43 millones de euros deberán tener una composición acorde con este principio, de modo que el número de mujeres no podrá ser inferior al 40 % del total de los miembros del consejo. Para lograrlo, deberán adaptarse los procesos de selección para asegurar el cumplimiento de esta disposición, debiendo, en caso de empate entre varios candidatos, elegir al del sexo menos representado en el consejo.

En ambos tipos de sociedades se establece la obligación de velar por que la alta dirección también cumpla este principio y deberá detallarse en la memoria la situación al respecto. En el caso de las sociedades cotizadas se establece como infracción grave el incumplimiento de estas previsiones.

Por último, el principio de representación equilibrada deberá cumplirse también en las juntas de gobierno de los colegios profesionales, que además deberán incluir en su memoria anual el número de miembros desglosados por sexo y, en caso de no alcanzar el porcentaje establecido, aclarar los motivos y las medidas adoptadas para alcanzarlo.

También deberá cumplirse en tribunales, jurados y órganos colegiados constituidos para otorgar premios o condecoraciones de la Administración General del Estado o entidades integrantes del sector público institucional estatal o cuando sean presididos por representantes de aquellas.

Los plazos de adaptación optan por implementar lo que la voz oficial llama «flexibilización del calendario». En el ámbito privado, las sociedades cotizadas deben asegurar en sus consejos de administración al menos un 40 % de consejeros del sexo menos representado, de forma gradual en función de su tamaño. Será de aplicación a partir del 30 de junio de 2024 para las 35 sociedades con mayor valor de capitalización bursátil y desde el 30 de junio de 2025 para las cotizadas con una capitalización bursátil superior a los 500 millones de euros.

Se informa de que, tras la correspondiente audiencia pública, se flexibiliza el calendario de implementación al extenderse el plazo de cumplimiento para las sociedades con menor capitalización bursátil hasta finales de junio de 2026. Dado el diferente punto de partida, se proporciona un plazo adicional para la adaptación hasta el 30 de junio de 2026 en las juntas de gobierno de los consejos generales y los colegios profesionales. A su vez, se establece igualmente una implementación progresiva para las empresas grandes no cotizadas, que deberán cumplir con un objetivo del 33 % a finales de junio de 2026 y del 40 % a finales de junio de 2028.

3.6. De la jurisprudencia constitucional a la cultura política

Por lo demás, la última jurisprudencia constitucional del TC español ventila eventuales discriminaciones por razón de sexo que no tienen que ver con asuntos relacionados con la política. No obstante, los criterios sentados en la STC 12/2008, que declaró constitucional el principio de composición equilibrada, se dejan sentir en fechas muy recientes, tal y como ilustran algunos casos que han llegado hasta el Juez de la Constitución en recursos de amparo de trabajadoras que alegaban lesión de su derecho a no ser discriminación por razón de sexo. Valga el ejemplo de la STC 71/2020, de 29 de junio, o el de la STC 108/2019, de 30 de septiembre. La primera tiene un Fundamento Jurídico 3 esclarecedor. Dice este así:

> «Es necesario recordar, una vez más, que la expresa exclusión de la discriminación por razón de sexo contenida en el art. 14 de la Constitución Española (CE) responde a la determinación del constituyente de terminar con la histórica situación de inferioridad en que, en la vida social y jurídica, se había colocado a la mitad de la población. Pese a ello, a día de hoy las mujeres aún soportan situaciones de desigualdad y dificultades específicas que se traducen, entre otras consecuencias, en una menor incorporación de la mujer al trabajo o en una mayor dificultad para con-

ciliar la vida personal, familiar y laboral, particularmente por razón de la maternidad. Ante esta realidad el Tribunal ha declarado en su reciente STC 108/2019, FJ 3, que es necesario —tal y como reclama la sociedad y se refleja en la intervenciones del legislador— "abundar en esa protección, ampliar y desplegar su sentido profundo ligado a la dignidad de la persona y valor de todo ser, y tutelar y favorecer el cambio de conciencia y convivencia que solo la paridad garantiza, fortaleciendo la tutela siempre que se constate (...) una desigualdad histórica que pueda calificarse de 'estructural', pues la igualdad sustantiva es un elemento definidor de la noción de ciudadanía en nuestro orden constitucional (STC 12/2008, de 29 de enero, FJ 4). En definitiva (...) la prohibición constitucional específica de los actos discriminatorios por razón de sexo determina que se habrá producido la lesión directa del art. 14 CE cuando se acredite que el factor prohibido representó el fundamento de una minusvaloración o de un perjuicio laboral, no teniendo valor legitimador en esos casos la concurrencia de otros motivos que hubieran podido justificar la medida al margen del resultado discriminatorio».

Recordemos por un momento que siguen existiendo países que no tienen absolutamente ninguna medida en este sentido. Y lo más importante: son, incuestionablemente, democracias, como la del Reino Unido o la de Estados Unidos. *The anglosaxon way*, podríamos decir.

Recordemos, también, que la cultura política del sistema donde se aplicara la cuota es fundamental para el éxito o fracaso de estas medidas. ¿Es igualitario? ¿Tiende a ser más liberal? ¿Es más comunitarista? En función de la respuesta a estas cuestiones sabremos de la existencia de cuotas o no y de sus rendimientos. Suelen ser países democráticos occidentales los que se presentan mejores tasas paritarias, países que no por casualidad presentan un mayor compromiso con la cultura igualitaria y suelen tener poblaciones más jóvenes.

El segundo factor se refiere a la ideología de los partidos políticos. ¿Hablamos de partidos de izquierda o de derecha? Por supuesto que sigue vigente el modelo *catch-all*, pero parece ser importante, a estos efectos, el paradigma tradicional. Algunas investigaciones demuestran que los partidos de izquierda están más inclinados a implementar estas medidas que los de derecha. Y cuanto más se aleja el partido del centro menos atemperada es la medida (o la anti-medida). Esto es especialmente apreciable en el mundo polarizado actual (Lapuente, 2021: 57).

No es en absoluto descartable lo que algunos estudios denominan el *efecto contagio*: partidos que en principio no son amigos de estas medidas pero que por no quedarse atrás en la carrera de la imagen —léase, votos— adoptan medidas muy parecidas. El tercer factor tiene que ver con el tipo de sistema electoral y algunos de sus elementos. Si tenemos una cuota electoral a nivel nacional, el sistema de representación proporcional es más adecuado que el sistema mayoritario. La razón parece bastante clara: más puestos para ser elegidos, más posibilidades de competir, por ende, más posibilidades de ser nominados y, en fin, de ser elegidos. La circunscripción electoral también influye. Es mejor el sistema plurinominal que el uninominal. En el plurinominal elegimos varios nombres. En el uninominal, solo uno. Además, las listas cerradas y bloqueadas protegen la elección que realice la cúpula y, siguiendo el razonamiento, *el modelo cremallera* es el que mejor se adecua a los efectos. Los ejemplos anteriores nos enseñan, qué duda cabe, que el diseño normativo e institucional debe estar hecho para evitar eventuales tentaciones evasivas de los actores políticos.

Resulta patente que estas medidas siempre encuentran debate y oposición, más allá del consenso doctrinal que existe en los fines, según dicen sus adalides (SALAZAR, 2022). Aunque la principal razón que aboga por su mantenimiento es optimizar el mandato constitucional de igualdad, no todos están de acuerdo. A medida que se avanza en su investigación se derriban tópicos como el que reza que se está eligiendo mujeres menos solventes intelectual y/o profesionalmente que el resto de colegas solo para llegar a la paridad. Otro foco de críticas suele ser el relacionado con la libertad; se argumenta así que al ser medidas que discriminan en positivo, lesionan temporalmente la libertad en aras de la igualdad. De lo que se colige que, una vez cumplidos sus objetivos, no deberían tener cabida, criterio al que se oponen otros sectores porque de eliminar su vigencia, dirán, no solo nos libraríamos de todo lo malo, sino que también arramblaríamos, queramos o no, con los éxitos cosechados (ÁLVAREZ, 2020: 145).

En suma, las cuotas son una tendencia global que no ha dejado de crecer en las últimas décadas. Allí donde llegan se quedan y elevan los índices de presencia femenina. Allí donde no están, se las suele reclamar por algunos actores políticos, justo por la misma razón. Va de suyo que si los *gate-keepers* tienen voluntad de establecerlas y cumplirlas, las mujeres acceden más y mejor a los puestos representativos. Y de ahí se pasa a la siguiente saga de estudios que despunta, donde la doctrina empieza a interrogarse sobre cómo consolidar ese poder en las instituciones representativas. Son un complemento razonable, aunque nunca definitivo, a la indispensable libertad.

3.7. Críticas a la paridad de género

La llamada paridad de género adolece de una serie de flaquezas que conducen a las inevitables críticas. No es tanto un ejemplo del criticar para construir sino para destruir la presunta legitimidad de unas acciones que, se diga lo que se diga, solo tienen como efecto privilegiar a una casta muy determinada y concreta de mujeres y dejar fuera al resto.

En primer lugar, la credibilidad de estas cuotas electorales y de quienes las defienden mejoraría exponencialmente si las defendieran de veras «para todas las mujeres». Nunca hemos visto que mediante este tipo de acciones positivas lleguen al Parlamento mujeres del rural, o mujeres gitanas, por poner dos ejemplos. Lo que confirma el sesgo del que adolecen: el sesgo del sesgo de género. Las impulsan quienes pueden beneficiarse de ellas.

En segundo lugar, la escasa cintura de quienes abogan por ellas, pues se demuestra una vez más cómo opera el llamado efecto trinquete: las primeras medidas igualitarias no solo no se reformulan o eliminan, sino que constituyen el suelo de las siguientes, siempre más incisivas; y así sucesivamente. En España esto ha sucedido: la legislación igualitaria de 2004 y de 2007 ha dado pie a numerosos dislates legislativos que llegan, con esfuerzos redoblados, en 2022 y 2023. La nueva ley de paridad propuesta por el Gobierno solo se entiende desde ese prisma. Son medidas puramente elitistas para y por las élites, basadas en la filosofía de la cooptación. Ya se sabe, aunque ahora lo diremos con las palabras de un pensador contracultural como pocos (GOAD, 2017: 149): al igual que la clase obrera nunca ha podido decir mucho sobre la imagen popular que se ha construido en torno a ella, las mujeres reales quedan en su inmensa mayoría fuera del foco de las políticas paritarias. El propio Goad remata su argumentación páginas después: la moralidad deja de serlo cuando se impone a otros dado que casi siempre se asemeja más a la inmoralidad.

En tercer lugar, la paridad de género se formula en términos puramente cuantitativos y en absoluto cualitativos. Se insiste en guarismos, números, porcentajes y se pierde de vista que hablamos de personas; pero no de cualquier persona, sino de quienes debieran ejercer las principales tareas de representación política y de gobierno. Estrechamente ligado a esto se eleva el principio de mérito y capacidad, cada vez más arrumbado y, en consecuencia, cada vez más ausente de nuestra vida pública o política. Convendría reflexionar muy seriamente sobre qué modelo de representación política queremos. Es notorio que la clase política está en horas bajas por diversos motivos y este tipo de medidas solo hacen que llueva sobre mojado.

En cuarto lugar, la obsesión cuantitativa no garantiza un acceso igualitario en oportunidades, sino que se percibe detrás de ella un desiderátum de acceso privilegiado más o menos encubierto. Los partidos políticos deben tener margen de acción, en aras de garantizar las libertades de sus militantes, de proponer o no listas paritarias y/o con cuotas electorales. Que sea el elector quien les premie o castigue en consecuencia. Va de suyo que, por lo demás, es imposible eliminar el patriarcado por el mero hecho de hablar sin solución de continuidad del patriarcado. Nunca vimos a hombres defendiendo el modelo patriarcal. Sí hemos visto hasta la extenuación a mujeres defendiendo que luchan contra el patriarcado. Lucha peculiar esta que no parece muy exitosa, pues llevan décadas y décadas luchando contra él y no parece que le hayan hecho el más mínimo daño, proponiendo constantemente medidas, leyes, subvenciones e instituciones *contra él*, acciones que por lo demás detraen recursos ingentes sin que se demuestre su eficacia o eficiencia.

En quinto lugar, no hay que llamarse a engaño. A pesar de que hay autores que de buena fe defienden estas medidas, otros tantos no hacen sino apuntarse a la moda: baste emplear expresiones que lleven aparejada la muletilla «de género» para intentar colocar su producto ideológico, en espera de ganar algún acólito, votos, favores, o dinero. No es en absoluto exagerado decir que tales medidas se han creado en un caldo de cultivo donde se imponen los intereses de la agenda feminista de forma descarnada porque sus defensoras han entendido que abrazando postulados schmittianos (¿habrá ejemplar más acabado de hombre tradicional?) viven mejor: una confrontación por imponer el poder e intereses, donde el Derecho ya no es expresión jurídica de unos valores comunes compartidos por grandes capas poblacionales sino la traducción formal en normas y procedimientos de tales intereses. El Derecho como mero procedimiento, y solo como mero procedimiento, acaba produciendo monstruos (Martínez-Sicluna, 2022). Con razón se puede leer que el igualitarismo primitivo es el que busca nivelar a las personas mediante la ley en lugar de hacerlas iguales frente a la ley; por ello es una ideología potencialmente destructiva (Kaiser, 2022: 147).

En sexto lugar, conviene incardinar esta medida de la paridad de género dentro de los debates feministas actuales. Siguiendo a la doctrina que ha reflexionado críticamente sobre el particular (Palacios Gómez, 2022: 20 y ss) debemos destacar diversas cuestiones relevantes al objeto de la presente investigación. La hipótesis del género agrada mucho a los ingenieros sociales, amén de ser útil para la clase política que desea encontrar causas rentables, electoralmente hablando. Ambas visiones comparten la visión de que la conducta humana es maleable, al igual que la conciencia. Puro constructivismo. La realidad humana es maleable y la paridad ayudaría a ese cambio, convirtiendo a la hipótesis del género en la acción planificada de un grupo dominante para alcanzar y ejercer su poder y perpetuarse en él una vez alcanzado. El propio Palacios lista algunos motivos de por qué estas reivindicaciones parecen abrirse paso por las sociedades occidentales: desinformación, mala fe y miedo (Palacios Gómez, 2022: 25).

En séptimo lugar, existe cierta falacia naturalista en los principios que llevan a abrazar el postulado paritario. La buena ciencia nos previene de que una cosa son los hechos y otra las valoraciones que se efectúan acerca de tales hechos. Dicho en corto: el sexo es el hecho, lo que nos hace mujeres u hombres, y el género es la pretendida construcción que se hace en torno a dicho sexo y al reparto de roles presuntamente destructivo para ellas. Biológicamente somos diferentes, pero eso no atañe, lógicamente, a la dignidad más elemental predicable de todos los humanos. También de los hombres, aunque los tiempos que corren no son especialmente halagüeños a los efectos (Bennett, 2022: 167; Calvo, 2021: 43). Las consideraciones puramente ideológicas o valorativas son las que conducen a las del último feminismo, cuando este sostiene que todo es pura convención social. Lo que se acaba de decir lo dice alguien de la talla intelectual de Félix Ovejero (Valdeón, 2023: 87).

En octavo lugar, además de los autores ya citados, quienes son expertos en ideologías argumentan que estas medidas son la parte del iceberg que se ve. La que no se ve, la mayoritaria y con diferencia la más dañina, es la peor versión ideológica: la ideología de género. Algunas de las feministas más conspicuas tenían claro que la ideología de género solo debería servir para eliminar toda distinción sexual, donde hombre y mujer se conviertan en diferencias obsoletas. Quien vea en ello algo exagerado no tiene más que acercarse a los postulados teóricos de las Firestone, Beauvoir y Duberman de turno. En palabras de Ayllón, propuestas tan antinaturales solo pueden triunfar si se imponen por las élites políticas de turno, que las hacen leyes obligatorias porque, de no serlo, el grueso de la población no las asumiría *motu proprio* (Ayllón, 2019: 106).

En noveno lugar, convendría retener que siempre es mucho más tentador y divertido liberarse que estar liberado. Es más cómodo tirar de cultura narcisista, cuando no victimista, que aceptar que el envés de la libertad es la responsabilidad, le guste a quien le guste (Lasch, 2023: 245). Resulta más rentable comportarse de facto como un grupo de presión que detrae espacios, rentas, premios, proyectos y puestos de poder, en suma, que aceptar que nos enfrentamos en buena medida, hombres y mujeres, a los mismos problemas (o muy parecidos), una vez nos hemos liberado de las antiguas ataduras (Hughes, 2022: 38).

En décimo lugar, este tipo de medidas paritarias suelen obviar el contexto dado que sus defensores no tienen empacho en reconocer tácitamente que son medidas elitistas para la élite. Tal y como ha explicado con claridad la filósofa Mariona Gúmpert (2022: 130), este tipo de «luchas» se están convirtiendo en luchas «ideales» porque se convierten en víctimas de un asunto que lleva mucho tiempo resuelto (mujeres y hombres tenemos exactamente el mismo estatuto de ciudadanía y, por ende, de derechos políticos: lo demás es ruido).

4. A modo de conclusión

En el caso que hemos analizado en las páginas anteriores, la Sentencia SUP-JDC-434/2022, dictada por el TEPJF, pone fin a un litigio que tiene por objeto enjuiciar si la aplicación de la paridad competitiva por un partido político respetaba o no los criterios normativos a los efectos. La resolución entiende que no y sentencia que en futuras ocasiones el partido político deberá proceder de forma diferente, así como el resto de las formaciones que deseen presentarse a los procesos electorales pertinentes, en aras de cumplir la paridad. Pero el voto particular de un magistrado resulta más convincente, toda vez que recuerda que el partido político había cumplido de facto con la medida paritaria, solo que lo había hecho teniendo en cuenta cuáles eran los distritos donde podían tener más y menos éxito. Mientras que la resolución de la mayoría entiende que en futuras ocasiones los partidos políticos deben establecer unos lineamientos paritarios nuevos a verificar por el

Instituto Nacional Electoral, el magistrado discrepante comprende que dicha exigencia ex post carece de anclaje legal. Con todo, el problema de fondo no es un problema exclusivamente mexicano, ni siquiera de los sistemas democráticos. Es un problema de fondo que tiene que ver con la filosofía y los apoyos argumentales de medidas como las aquí disputadas. De ahí que, todavía a día de hoy, podamos hablar en esos términos del «juntos pero no revueltos».

La implementación de la paridad de género, tanto en las listas electorales como en la selección y nombramiento de ciertos cargos institucionales entre los que se cuenta el poder ejecutivo, ha demostrado ser una medida eficaz para aumentar la presencia de mujeres en la política y en los órganos de decisión. Sin embargo, también ha generado controversias y críticas, especialmente entre aquellos que argumentan que las cuotas de género pueden afectar la calidad de la representación y limitar la libertad de los partidos políticos para elegir a sus candidatos. Por no mencionar el empleo del sexo como causa de diferenciación que bien podría ser discriminatoria, lo cual afectaría adicionalmente al derecho al sufragio ex artículo 23 CE. Estos argumentos son extrapolables a las medidas que busquen parificar los Ejecutivos.

Es muy importante que las mujeres dedicadas profesionalmente a la política puedan desempeñar su papel de manera efectiva, participar activamente en los debates y decisiones políticas y ser escuchadas y respetadas en igualdad de condiciones que sus compañeros varones. Es predicable y deseable la igualdad elemental en el desempeño de los cargos ligados al poder ejecutivo. Pero para ello no parece que haga falta más paridad sino implementar políticas públicas que ayuden a lo esencial de la vida y que sea el propio mercado político el que genere la oferta y cubra la demanda.

Hay que tener en cuenta la necesidad de promover políticas y medidas para garantizar una mayor conciliación laboral y familiar, que afectará sin duda a las mujeres en el cargo. Muchas veces, las mujeres se ven limitadas en su participación en la política debido a las responsabilidades familiares, sobre todo cuando es política de base y no remunerada. Por lo que es fundamental contar con políticas de apoyo para que puedan desempeñar su papel de manera efectiva sin tener que renunciar a su vida personal y familiar.

Es importante abordar la discriminación y la violencia por razón de género que enfrentan las mujeres en la política. Las mujeres que participan en la política algunas han sido objeto de amenazas, acoso y violencia, lo que limita su capacidad para ejercer su labor de representación y defensa de los derechos de las mujeres. Se antoja fundamental llevar a cabo políticas públicas sobre el particular, pero no unas que discriminen a un sector de la población en detrimento de otro.

Aunque se han logrado importantes avances en la promoción de la igualdad de género en la política en México, en España y, en general, en aquellos países de la órbita occidental, la doctrina feminista insiste en que aún queda mucho por hacer para garantizar una presencia equitativa de mujeres y hombres en los cargos públicos y en los órganos de decisión de los partidos políticos. No sabemos qué más podría hacerse, toda vez que se viene en España una nueva Ley de Paridad, que introduce requisitos aún más exigentes que el mismo principio de composición equilibrada. Ni que decir tiene que el proyecto, tal y como se ha publicado, atenta contra la libertad de los militantes de los partidos políticos a que sus formaciones defiendan las opciones ideológicas que estimen oportunas y que, en consecuencia, conformen las listas electorales como mejor deseen. En lo que hace el anteproyecto de ley respecto de la presencia paritaria en el ámbito empresarial bien podríamos estar ante una inconstitucionalidad ex artículo 38 CE.

Una de las principales medidas que pueden adoptar las empresas para promover la igualdad de género es la implementación de acciones positivas igualitarias en sus políticas de recursos humanos y en su cultura organizativa. Esto implica fomentar una cultura de igualdad y no discriminación, y promover la diversidad y la inclusión en todos los ámbitos de la empresa. Esto topa, sin duda, con algunos de los estudios científicos elaborados en la materia, que niegan que la brecha salarial de género, como tal, exista (Palacios Gómez, 2022).

La doctrina feminista sigue insistiendo en la educación y la formación como factores clave para promover la igualdad de género desde edades tempranas. Algunos autores entienden que ya estamos suficientemente adoctrinados. Otros, que se ha hecho poco y que debe hacerse más. Por eso reinciden en el mantra de la «educación inclusiva y no discriminatoria», que fomente la igualdad radical entre mujeres y hombres y que promueva el papel y la contribución de las mujeres en la sociedad. Nos anegan con afirmaciones como que es necesario (¡vital!) incluir la perspectiva de género en el currículo escolar (¿?) y en la formación de los profesionales de la educación, para garantizar una educación más equitativa y una formación más inclusiva. Por supuesto, todo empieza desde el faro de la política profesional, mascarón de proa paritario que en breve será objeto de un nuevo instrumento de *tortura*. Todo esto se parece bastante a lo que la doctrina denomina «actitud chamánica», la de esos intelectuales versados en el arte de proponer grandes palabras que en la práctica no ayudan a nadie y enmascaran la mera imposición de sus ideas por las bravas (Lapuente, 2015: 145).

La paridad no tiene sentido para quienes tienen mérito y capacidad. Y las personas que tal cosa aseveran tienen razón. Cuando lo que importa es el número, el porcentaje y el equilibrio numérico y se olvidan o posterguan *sine die* los atributos cualitativos que debería tener un parlamentario o un consejero de administración, tal estado de cosas no augura nada bueno. Lo venimos observando y denunciando desde hace lustros y no podemos dejar pasar la ocasión de hacerlo, desde la convencida modestia y la necesaria humildad, una vez más. Recuérdese que es sabido que cuanto menos frecuente es algo, más lo vemos. Por eso nuestras sociedades son mucho más igualitarias que discriminatorias (Sauer, 2023: 324).

CAPÍTULO 2

LA CONFUSIÓN EN TORNO A LA PERSPECTIVA DE GÉNERO

En el presente capítulo proponemos una reflexión en voz alta, desde el Derecho Constitucional, acerca de un concepto tan brumoso y controvertido como la perspectiva de género. Se analiza en primer término el significado de la noción pretendidamente jurídica, cuyo estudio trasluce una confusión e indeterminación notorias. En segundo lugar, se estudia cómo se ha introducido dicha noción en la legislación igualitaria más reciente. En tercer lugar, se aborda el concepto en tanto que ha hecho acto de presencia en algunas sentencias constitucionales, especialmente en algunos votos particulares. Se finaliza con una reflexión de fondo sobre lo problemático de la noción desde la óptica constitucional.

1. Planteamiento

Analizamos a continuación detenidamente la llamada «perspectiva de género» y su introducción en el sistema constitucional español, especialmente en algunas sentencias de nuestro Tribunal Constitucional, idea usualmente defendida —de momento— no tanto en el cuerpo de la sentencia sino en los votos particulares (tanto disidentes como concurrentes). Aunque se empieza a abrir camino en la fundamentación jurídica de las sentencias, tal y como ejemplifica la STC 44/2023.

Para ello, en primer lugar, intentaremos ofrecer una aproximación conceptual a una realidad prácticamente inasible. Es harto difícil definir qué sea la perspectiva de género, pero, por mor del objetivo del trabajo, no debemos eludir el reto. En segundo lugar, expondremos dónde y cómo el reciente legislador español ha introducido la noción y con qué alcance. En tercer lugar debemos hacer lo propio con el manejo que realiza el Tribunal Constitucional de la perspectiva de género, pues comienza a hacer acto de aparición en algunas resoluciones (señaladamente, en los votos particulares referidos anteriormente). Por último, haremos acopio de una serie de consideraciones críticas que desembocarán en la consabida reflexión final.

Estamos en condiciones de demostrar, al menos a título de hipótesis, que se está empezando a perfilar en el Derecho Constitucional español contemporáneo el empleo de una herramienta extraña al mismo para operar un cambio de paradigma —al menos intentarlo—: la perspectiva de género pretende actuar cual rompehielos constitucional para situarnos más allá del Derecho Constitucional, destruyendo a su paso algunos de los valores constitucionales esenciales, tales como el derecho a no ser discriminado, la libertad, o la presunción de inocencia, por mencionar solo tres (DOMINGO, 2023; GALINDO y UJALDÓN, 2022; y SOLEY, 2022).

2. La perspectiva de género como concepto

En trabajos previos dejamos constancia de que la perspectiva de género es un concepto equívoco, desnortado, tendencialmente tendencioso, y bastante pobre desde el punto de vista intelectual. Si resumimos tales asertos, la operación para desentrañar qué sea la perspectiva de género debería valerse de los siguientes pasos. Así, filósofos políticos como Félix Ovejero entienden que la perspectiva de género tiene a los biólogos bajando la cabeza y callando cuando estos saben con seguridad que ciertos aspectos de la humanidad tienen base biológica suficiente como para desmontar las tesis de un movimiento feminista que, por lo demás, abraza tales radicalismos en la actualidad que sus próceres acabarán por convertirlo en residual (VALDEÓN, 2023: 134).

En primer término, dar por bueno el «género». Para el feminismo, *género* define la construcción social que ha servido para que los hombres gobiernen y dominen el mundo en general y a las mujeres en particular. Sexo es un concepto biológico y se emplea como soporte para realizar tal construcción cultural. La operación quedaría así, según estas tesis: el hombre, basándose en las características biológicas sexuales de hombres y mujeres, copa el espacio público y relega a la mujer al espacio privado. Mientras que la mujer es persona que debe dedicarse a la crianza, al hogar y a los cuidados, el hombre debe salir a ganar el sustento familiar, aprovechando de paso para gobernar, sentenciar y para mandar en todos los órdenes de la vida, en definitiva.

Una filósofa experta en estos debates como lo es Kathleen Stock ha distinguido hasta cuatro acepciones de «género» que suelen emplearse indistintamente en los debates igualitarios. Aunque lo aconsejable, desde la pulcritud intelectual, sería distinguir y desbrozar, el brochazo suele ser la regla. La primera acepción sería una forma de expresar la división entre hombres y mujeres entendida como alternativa tradicional a la división biológica hombre-mujer. La segunda es una forma de designar los estereotipos sociales y expectativas que se predican de hombres y mujeres. La tercera designa la división entre hombres y mujeres, entendida como dos grupos que se blande contra un presunto determinismo biológico. Finalmente, la cuarta acepción daría entrada a la identidad de género, que es tanto como decir para sus defensores la experiencia privada del rol de género

En segundo término, transitar sin denuedo desde «la perspectiva». Que es tanto como decir el enfoque, la visión, el filtro, o la mirada. Así que en todos los casos que se plantee una presunta discriminación, debemos poner como filtro de intermediación la mirada de género, la necesidad de asumir que esa relación está matizada por el poder secular que ha ejercido y ejerce el hombre sobre la mujer. Solo mediante el género se conseguirá destruir el género. Si las discriminaciones sociales más lacerantes se producen *por culpa* del género será a través del género como debemos eliminarlas. Llegados a este paso no está de más hacer notar que, aunque estas tesis llevan décadas entre nosotros, por más que legislan para paliar los efectos perniciosos del patriarcado, nunca parecen tener fin y siempre encuentran nuevas discriminaciones que abordar y nuevas leyes, en consecuencia, que aprobar. Se dice que el término patriarcado significa literalmente gobierno de los padres.

Mientras que los antropólogos empleaban la expresión en ese sentido desde el siglo XIX, la teoría feminista la importó a su pensamiento para equipararla con el gobierno de los hombres. En las sociedades democráticas —mucho menos en las actuales— ser padre no es un factor significativo para alcanzar o retener el poder y/o los puestos de autoridad (Reeves, 2023; Jiménez, 2019; y Contreras, 2023). Dicho con otras palabras: en materia de igualdad de género bien podría darse el llamado *efecto trinquete*, descrito por el economista Robert Higgs, quien dijo que el Estado aprovecha cualquier situación de crisis para aumentar su tamaño y capacidad de control sobre la economía. *Mutatis mutandis*, el feminismo institucional aprovecharía cualquier situación, crítica o no, para llevar un paso más allá sus propuestas, auto legitimarse en sus reivindicaciones y seguir ciegamente el camino que conduce —ojalá nos equivoquemos— hacia el abismo.

Algunos juristas inciden en la idea de que estamos más que ante un concepto acabado u operativo ante una estrategia que, en función de quien la enarbole, cambia sus contornos y cometidos, incluso al punto de hacerlos no diremos diametralmente opuestos, pero sí poco compatibles entre sí. Los tratados y documentos internacionales auspiciados por las principales organizaciones internacionales (ONU, Consejo de Europa) tendrían como uno de sus fines alcanzar la igualdad de género y la perspectiva de género sería la estrategia para lograrlo. Esto es, una relación de fines y medios. Así entendida, estaríamos ante «el proceso de evaluación de las consecuencias para las mujeres y los hombres de cualquier actividad planificada, inclusive las leyes políticas o programas, en todos los actores y a todos los niveles». Se garantiza, de esta manera, que las preocupaciones y las experiencias de las mujeres, también de los hombres, puedan ser elementos integrantes de la elaboración, aplicación, supervisión y evaluación de las políticas públicas. Con razón dijo Jon Elster que nada hay externo a la sociedad, salvo el pre-compromiso mediante organizaciones y tratados internacionales (ELSTER, 2009: 117).

No podemos obviar que a finales de los años noventa el Consejo Económico y Social de Naciones Unidas aunó la transversalidad y la perspectiva de género para decir que: «Transversalizar la perspectiva de género es el proceso de valorar las implicaciones que tiene para los hombres y para las mujeres cualquier acción que se planifique, ya se trate de legislación, políticas o programas, en todas las áreas y en todos los niveles. Es una estrategia para conseguir que las preocupaciones y experiencias de las mujeres, al igual que las de los hombres, sean parte integrante en la elaboración, puesta en marcha, control y evaluación de las políticas y de los programas en todas las esferas políticas, económicas y sociales, de manera que las mujeres y los hombres puedan beneficiarse de ellos igualmente y no se perpetúe la desigualdad. El objetivo final de la integración es conseguir la igualdad de los géneros» (ONU, 2022).

Otra acepción de la perspectiva de género vendría trufada de ideología de género, noción que intenta hacer ver que las mujeres viven seducidas y engañadas por el patriarcado aberrante que, por lo demás, nos subyuga a todos. Así las cosas, toman decisiones que les perjudican fruto de esa confusión, tales como ser madres o formar una familia. Dichas decisiones solo contribuyen a oprimir a la mujer, quien se cree libre de decidir y es —cómo no— una engañada. Por algo dijo Simone de Beauvoir en aquella famosa entrevista de infausto recuerdo que no debía permitirse bajo ningún concepto la opción de que la mujer se quedase en casa para criar a sus hijos: de existir tal elección, «demasiadas mujeres optarían por ella» (TRILLO-FIGUEROA, 2009).

La doctrina crítica hace hincapié en que la mutación del feminismo en un identitarismo de género basado en la ideología de género es un proceso que lleva en marcha décadas. Una de sus conspicuas representantes, Sulamith Firestone, no dudó en explicar a quien quisiera oírla, allá por 1970, que el objetivo final de la revolución feminista no era eliminar los privilegios de los hombres sino hacer buena la diferencia sexual entre hombres y mujeres, para poner fin a «la tiranía de la familia biológica y permitir todas las formas de sexualidad». Resurge con fuerza la idea, vistas así las cosas, que tanto pábulo tiene en algunos foros académicos: la mujer y el hombre son diferencias obsoletas a superar. De ahí que necesiten de constante legislación de género para imponer sus diatribas, porque estamos ante una propuesta marcadamente antinatural (AYLLÓN, 2019; y RUBIO, 2021).

Al hilo de estas reflexiones, surge la duda de si determinados sectores feministas no estarán presos del conocido *síndrome de Münchhausen por poderes*. Se dice que se da este fenómeno cuando los padres hacen enfermar a sus hijos para luego poder llevarlos al médico y de esa manera salvarlos.

Si el hijo está bien, necesita menos a sus padres; si está mal, tal estado permite protegerlo, sobreprotegerlo y presentarse como su salvador. Cámbiese «hijos» por «mujeres» y probablemente entenderemos por qué no es infrecuente escuchar a mujeres abjurar del feminismo en cualquiera de sus variantes. Estos sectores necesitan de una situación cuasi apocalíptica para traer sus remedios, tan incisivos, pero tan necesarios a sus ojos; si dicha situación no existe (y no existe), necesitan construir un relato que diga que existe o que se encuentra en ciernes de existir. Y así pueden seguir insistiendo y empujando un poco más sin solución de continuidad (Bouchox, 2022: 45).

Por supuesto, estas cuestiones del género a veces enmascaran auténticas atrocidades. Cuando una activista de origen somalí y declarada feminista hizo público los datos que había recabado, el feminismo académico e institucional no dijo nada. Lo su investigación demostraba era que en una escuela concreta de Suecia un porcentaje considerable habían sufrido ablación genital. Por supuesto, sí hubo voces que defendieron que el multiculturalismo impone peajes como este, pues parecen más preocupados de que los «colectivos vulnerables» no protagonicen titulares negativos en prensa que de la aberración que tuvieron que padecer las niñas (Mounk, 2022: 152).

3. La perspectiva de género en la legislación

En España existe desde hace décadas un proyecto igualitario en marcha que, también en sede legislativa, ha apostado por introducir una batería de conceptos abstrusos y confusos. Nociones como la perspectiva de género, el enfoque de género, el mainstreaming de género, o la discriminación múltiple e/o interseccional son, si se permite la expresión, los nuevos unicornios. Nadie sabe muy bien qué significan, y mucho menos sus implicaciones reales, pero sí sabemos que son enarbolados sistemáticamente por quienes alcanzan el poder institucional para poder ejecutar sin cortapisas su agenda. Como hemos podido seguir de cerca la cuestión en los últimos trabajos doctrinales, prestaremos atención ahora a las novedades legislativas más recientes.

La norma legal más reciente es la *Ley Orgánica 1/2023, de 28 de febrero, por la que se modifica la Ley Orgánica 2/2010, de 3 de marzo, de salud sexual y reproductiva y de la interrupción voluntaria del embarazo*, que define dicha perspectiva en su artículo único, apartado tres, como una tarea obligatoria para las administraciones públicas de incluir:

> «un enfoque de género fundamentado en la comprensión de los estereotipos y las relaciones de género, sus raíces y sus consecuencias en la aplicación y la evaluación del impacto de las disposiciones de esta ley orgánica, y promoverán y aplicarán de manera efectiva políticas de igualdad entre mujeres y hombres y para el empoderamiento de las mujeres y las niñas».

Dos apuntes al respecto. Por un lado, que *Ley Orgánica 10/2022, de 6 de septiembre, de garantía integral de la libertad sexual*, reitera en su artículo 2.c) el concepto arriba reseñado en sus exactos términos literales. El texto se inspira en el artículo 6 c) de la *Ley Foral 14/2015, de 10 de abril, para actuar contra la violencia hacia las mujeres*, de la Comunidad Foral de Navarra, donde se dice que tal lucha debe hacerse desde la «comprensión de los estereotipos y las relaciones de género, sus raíces y sus consecuencias».

Encontramos la perspectiva de género en el artículo 4.4 de la *Ley 15/2022, de 12 de julio, integral para la igualdad de trato y la no discriminación*, con el siguiente tenor literal:

> «En las políticas contra la discriminación se tendrá en cuenta la perspectiva de género y se prestará especial atención a su impacto en las mujeres y las niñas como obstáculo al acceso a derechos como la educación, el empleo, la salud, el acceso a la justicia y el derecho a una vida libre de violencias, entre otros».

La Ley, acto seguido, pasa a definir una panoplia de discriminaciones con exhaustividad —y con bastante imaginación creativa, todo sea dicho— pero curiosa y misteriosamente, nada dice sobre la perspectiva de género.

Si uno acude a la *Ley Orgánica 3/2007, de 22 de marzo, para la igualdad efectiva de mujeres y hombres*, auténtico faro que guía en lo tocante a políticas igualitarias, tampoco se observa ninguna definición de la perspectiva de género. Sí vemos cómo aparece, sin concretar, para exigirla a la hora de elaborar estadísticas y estudios oficiales (artículo 20); al realizar el planeamiento urbanístico (artículo 31); como formación continuada de los integrantes de la Carrera Judicial (Disposición adicional tercera); en la actuación sanitaria en el ámbito de la salud laboral (Disposición adicional octava); y en las actividades formativas en materia de salud (Disposición adicional novena, apartado cuarto).

En la Ley 3/2022, de 24 de febrero, de convivencia universitaria, aparece un intento de definición del enfoque de género, en concreto en el artículo 4.4 a), que reza de la siguiente manera:

> «(...) la comprensión de los estereotipos y las relaciones de género, sus raíces y sus consecuencias en la aplicación y la evaluación del impacto de las disposiciones de esta ley (...)».

Esto es, el enfoque de género será lo que quieran en cada momento quienes integren las instituciones, en este caso las instituciones universitarias. Amparándose en conceptos tan abstrusos y brumosos no encontramos la manera de que puedan ser medianamente operativos en el tráfico jurídico real.

Encontramos una definición en la Ley 4/2005, para la Igualdad de Mujeres y Hombres del País Vasco, en concreto en su artículo 3.5 (aunque en puridad lo que se define es «la integración con perspectiva de género», mandato que la propia ley hace obligatorio para todos los poderes públicos):

> «(...) la consideración sistemática de las diferentes situaciones, condiciones, aspiraciones y necesidades de mujeres y hombres, incorporando objetivos y actuaciones específicas dirigidas a eliminar las desigualdades y promover la igualdad en todas las políticas y acciones, a todos los niveles y en todas sus fases de planificación, ejecución y evaluación (...)».

La Ley 12/2007, de 26 de noviembre, para la promoción de la igualdad de género en Andalucía regula la cuestión de forma similar. Dirá que los poderes públicos deben integrar la perspectiva de género de forma transversal en todas sus actuaciones (artículo 4), definiendo dicha integración transversal así:

> «(...) Los poderes públicos potenciarán que la perspectiva de la igualdad de género esté presente en la elaboración, ejecución y seguimiento de las disposiciones normativas, de las políticas en todos los ámbitos de actuación, considerando sistemáticamente las prioridades y necesidades propias de las mujeres y de los hombres, teniendo en cuenta su incidencia en la situación específica de unas y otros, al objeto de adaptarlas para eliminar los efectos discriminatorios y fomentar la igualdad de género (...)».

Otro tanto sucede con la *Ley 2/2011, de 11 de marzo, para la igualdad de mujeres y hombres y la erradicación de la violencia de género*, aunque su tenor literal varía algo, haciéndolo, quizá, menos militante. Dice el artículo 3:

> «(...) El principio de igualdad de trato y oportunidades entre mujeres y hombres informará, con carácter transversal, la actuación de la Administración del Principado de Asturias. A tal efecto, la Administración del Principado de Asturias integrará el principio de igualdad de oportunidades entre mujeres y hombres de forma activa en la adopción y ejecución de sus disposiciones normativas, en la definición y presupuestación de políticas públicas en todos los ámbitos y en el desarrollo del conjunto de todas sus actividades (...)».

Otro ejemplo es el de la *Ley 7/2018, de igualdad de oportunidades entre mujeres y hombres en Aragón*, cuyo articulado menciona hasta casi cincuenta veces la perspectiva de género, aunque no la defina. En cambio, el Anexo a la *Ley 1/2010, de 26 de febrero, canaria de igualdad entre mujeres y hombres*, entiende por perspectiva de género:

> «(...) la consideración sistemática, en el conjunto de la actividad política, social, institucional, de las diferentes situaciones y condiciones de vida, obstáculos o limitaciones, participación, recursos, derechos, prioridades o necesidades, valores y comportamientos de mujeres y hombres, determinados por los roles tradicionales de género, que provocan desigualdades sociales o discriminaciones reales y efectivas entre ambos sexos (...)».

Un cambio sutil y diferente es el que se observa en la *Ley 8/2011, de 23 de marzo, de Igualdad entre mujeres y hombres y contra la violencia de género*, de Extremadura, cuando enuncia el principio de la transversalidad de género en su artículo 21 y dice que:

> «(…) Los Poderes Públicos extremeños incorporarán la perspectiva de la igualdad de género en la elaboración, ejecución y seguimiento de las disposiciones normativas, así como de las políticas y actividades en todos los ámbitos de actuación, considerando sistemáticamente las prioridades y necesidades propias de las mujeres y de los hombres, teniendo en cuenta su incidencia en la situación específica de unas y otros, al objeto de adaptarlas para eliminar los efectos discriminatorios y fomentar la igualdad de género (…)».

Finalmente, hemos encontrado otra definición en la Ley 11/2016, de 28 de julio, de igualdad de mujeres y hombres de las Islas Baleares, donde su artículo 5.2 entiende por perspectiva de género:

> «(…) la toma en consideración de las diferencias entre mujeres y hombres en un ámbito o una actividad para el análisis, la planificación, el diseño y la ejecución de políticas, teniendo en cuenta la manera en que las diversas actuaciones, situaciones y necesidades afectan a las mujeres (…)».

Como se habrá podido observar, entre otros detalles que despuntan de la letra de las leyes extractadas, el binomio que se suele defender, o del cual se parte implícitamente, tanto peor, es el de las violencias que ejercen los hombres sobre las mujeres. Por supuesto, y desgraciadamente, esa violencia existe. Sucede que no es la única, ni mucho menos, pues al contrario también existe una violencia clara, pero cuyo estudio y difusión se consideran tabú en nuestro país. Dicho con otras palabras, existe una violencia de la mujer contra el hombre que apenas es analizada y, cuando se hace, se guarda bajo siete llaves. Afortunadamente, quedan investigadores valientes y dedicados que han denunciado tal estado de cosas (Reeves, 2023; y Folguera, 2014).

Por lo demás, cursan actualmente algunos ejemplos «menores» (el diablo está en los detalles) que siguen la línea trazada por la legislación referida. A tal fin, podemos traer a colación el Acuerdo del Consejo de Ministros de 31 de agosto de 2018, por el que se crea un Consejo Asesor para la revisión de la Ley de Enjuiciamiento Criminal *desde una perspectiva de género* (sic), compuesto por algo más de un 70 % de mujeres y en torno a un 30 % de hombres y llamado a informar sobre dicha reforma. En los últimos tiempos se aprecia un aumento sostenido de la literatura tanto académica como generalista que reflexiona sobre las cuitas del hombre en cuanto tal, desde una perspectiva de lo que pueda significar la masculinidad hoy día (Bennett, 2022; Jiménez, 2019; y Vincent, 2007).

Tampoco podemos soslayar cómo se ha ido filtrando la exigencia de perspectiva de enero a los jueces con las últimas reformas operadas en la Ley

Orgánica del Poder Judicial. Por un lado, «para acceder a las pruebas selectivas o de especialización será preciso acreditar haber participado en actividades de formación continua con perspectiva de género» (artículo 312.3 LOPJ). Por otro, «todas las pruebas selectivas para el ingreso y la promoción en las Carreras Judicial y Fiscal contemplarán el estudio del principio de igualdad entre mujeres y hombres, incluyendo las medidas contra la violencia de género, y su aplicación con carácter transversal en el ámbito de la función jurisdiccional» (artículo 310 LOPJ).

Quizá, al fin y al cabo, la tan cacareada igualdad en realidad solo disfraza la querencia y la pulsión de «querer invertir las tornas» y situar ahora a la mujer por encima. Para ese viaje no hacían falta tales alforjas (legislativas). A lo peor lo que sucede en este debate es que, por motivos que solo conocen quienes promueven estas tesis, se quiere hurtar a las personas el hecho de que los seres humanos llevamos al menos quinientos millones de años siendo seres sexuales y no «seres con género». Que nos queramos comportar de forma femenina no significa que seamos mujeres. Que busquemos pelea en un bar no nos convierte en hombres. Hay tantas diferencias entre hombres y mujeres que es imposible clasificarlas todas. Las preferencias difieren, ergo difieren las elecciones vitales de todo orden que realicemos unas y otros. Todo lo demás es ir contra la propia naturaleza. Actuar como si fuéramos idénticos es pretender contaminar la convivencia. De ahí que estas posturas arguyan que la ideología de género es peligrosa y contagiosa. De ahí que aboguen por reconocer las diferencias entre los dos sexos, paso fundamental para erigir una sociedad que conceda de veras las mismas oportunidades a todos (Heying y Weinstein, 2022: 145).

Se antoja pertinente traer a estas páginas a quienes de verdad saben para poner el broche final a este apartado. Disculpe el lector la cita tan sumamente extensa pero no dudamos de que la calidad y perspicacia que atesora. Dice Stamos:

> «(...) Nadie duda de que hay mucha flexibilidad en los roles de género. Al fin y al cabo, las mujeres han demostrado con creces que pueden ser muy buenas como médicos, abogados, científicos e incluso como bomberos (...). Lo que se está discutiendo es más bien si existen diferencias genéticas fundamentales entre hombres y mujeres, diferencias estadísticas, tanto físicas como conductuales, enraizadas en nuestra historia evolutiva (...) que (...) predisponen a las mujeres a ser de una manera y a los hombres de otra. Podemos discutir cómo deberían ser las cosas (...), pero no debemos permitir que esto afecte a nuestra comprensión de cómo son las cosas, especialmente si las cosas de las que hablamos son profundamente biológicas (...). Si este denominador común es en buena parte biológico, evolución mediante, entonces el experimento feminista tiene tan pocas probabilidades de triunfar como las del experimento comunista. En este caso, la única esperanza es promulgar leyes específicas pensando en el género (...), leyes que castiguen más fuertemente a un género que al otro (...) leyes que establezcan

por la fuerza la igualdad de género (...), leyes que traten de hacer de contrapeso a las diferencias innatas (...). La única esperanza (...) sería la práctica a fondo de la ingeniería genética, una esperanza empañada por el sueño convertido en pesadilla de Parque Jurásico (...)» (**Stamos, 2009**).

Aunque no podamos hablar en sentido estricto de legislación, no podemos dejar de hacer referencia a cómo el Ejecutivo, o cierto Ejecutivo, ha dado un aldabonazo mediante planes nacionales a este mecanismo. Señal de lo que se acaba de explicitar y fruto del *zeitgeist* que impera por doquier, preñado de desenfoque y radicalismo, de odio puro y venganza ciega ebria de presunta justicia social, podemos observar la *Estrategia Estatal para combatir las violencias machistas 2022-2025*, presentado por el Ministerio de Igualdad del Gobierno de España. En ella se dice, básicamente, que hay una reacción ideológica contra los derechos de las mujeres; que dicha reacción constituye discurso de odio por razón de género y sexo; y que dicho discurso está castigado en el código penal vigente, tanto como delito autónomo (art. 510) así como agravante (art. 22).

Esto se materializa en diversos enfoques de género, tan intensos como desnortados. Por ejemplo, se utiliza la técnica del *concepto paraguas* para decir que será violencia política contra la mujer todo lo que sea «menoscabar, obstaculizar, restringir, impedir o eliminar su participación en los asuntos públicos y/o políticos». Que intenten castigar la vida, o la propia política, y así acaban antes. Otro cajón de sastre más en el ordenamiento constitucional, para que sea empleado a discreción por la turbamulta de siempre constituida en el poder coyuntural de turno (Ministerio de Igualdad, 2023). Igualmente sucede con la pretendida obligación de que los medios de comunicación informen con perspectiva de género, establecida en dicho plan orwelliano, llevándose por delante sin recato la libertad de expresión e información, amén de redundar en ofrecer una visión totalizadora y discriminatoria: el filtro debe ser la perspectiva de género y todo lo demás debe quedar convenientemente silenciado o, peor aún, castigado. Pocos periodistas, siempre valientes, han denunciado dicha tropelía (Lavinia, 2023; Ondarra, 2023).

4. La perspectiva de género en la jurisprudencia constitucional

En este apartado se estudia en qué contexto y con qué consecuencias aparece la perspectiva de género en la jurisprudencia de nuestro Tribunal Constitucional. Se adelanta ya, si con lo anterior no lo hemos conseguido, que estamos ante un concepto más que jurídicamente indeterminado, una noción en realidad metaconstitucional, de ahí que resulte como petición de principio de difícil encaje en la doctrina constitucionalista. Pero la realidad de los hechos demuestra que ya ha hecho acto de aparición y muy posiblemente veamos cómo cobra fuerza en el seno del propio Juez de la Constitución en los próximos años. Al tiempo.

Se podría argüir que algunas sentencias de principios de siglo sembraron a conciencia para los vientos de la perspectiva de género hoy. Por un lado, la muy polémica incluso hoy STC 59/2008, confirmada por la 45/2009, donde se convalidó la constitucionalidad de la Ley de violencia de género, especialmente el castigo más duro al hombre que a la mujer por cometer el mismo ilícito, lo cual constituye, entre otros, una lesión del derecho fundamental a la no discriminación, reconocido (también a los hombres, va de suyo y le pese a quien le pese) en el artículo 14 CE.

Por otro lado, la STC 12/2008, reiterada en la STC 13/2009 y en la STC 40/2011, donde se convalidaron las cuotas electorales en favor de la mujer tanto a nivel estatal como a nivel autonómico. Tal medida había sido declarada inconstitucional cuando se emplearon por primera vez en Francia, por su Consejo Constitucional en 1982, y en Italia, por la Corte Constitucional, en 1993. Es curioso y sintomático que algunas disposiciones declaradas inconstitucionales en sistemas muy similares parecidos al nuestro, que empleamos como modelos en nuestro momento constituyente del 78, aquí no lo sean.

Ninguna aplica expresamente la perspectiva de género, pero, vistas en retrospectiva, sin duda sirvieron de marco conceptual en el itinerario de la agenda feminista. Algo de lo que ya advirtió, con otras palabras, mucho más sabias y ponderadas que las nuestras, el magistrado Rodríguez Zapata en una serie de votos particulares que formuló a diversas sentencias constitucionales, sobre todo a la STC 13/2009. En este se hizo eco de ciertas directrices de la ONU, que recomendaban aplicar la perspectiva de género, lo cual a su mejor entender no podía hacerse sin destruir instituciones capitales y centrales para nuestra democracia representativa como, sin ir más lejos, el cuerpo electoral. Por fragmentar una institución refractaria a tal cosa, al ser «la voz del pueblo, en el sentido de que la voluntad de éste se manifiesta a través de aquél» (Díez-Picazo, 2020: 69).

Ahora podemos decir, sin margen para la duda y probablemente menos para el error, que vivimos el siguiente paso en la estrategia de género que ha llegado a las altas instituciones. Y es que, desde hace algunos años, cuatro en concreto, determinados votos particulares que han emitido algunos magistrados haciendo alusión expresa a que la mayoría del TC debía haber empleado la perspectiva de género. Veámoslo con algo de detenimiento.

En el ATC 170/2016 se declaró inconstitucional la resolución del parlamento catalán 263/XI, de 27 de julio 2016, donde se declaraba que se iniciaba formalmente el proceso de desconexión de España y hacía saber que el proceso constituyente catalán incorporaba la perspectiva de género en su formulación. Aquí, cierto eso, el Tribunal Constitucional no tuvo responsabilidad alguna y se limitó a aplicar la Constitución.

En el ATC 114/2018 la cosa coge vuelo. Se evacúa voto particular por parte de Balaguer Callejón, bajo el argumento de que la perspectiva de género era necesaria a la hora de interpretar las normas; serviría dicha perspectiva, según la juez, para que normas aparentemente neutrales que producen situaciones injustas atentatorias contra el derecho a la igualdad, acaban por producir, además, «discriminaciones veladas o indirectas que obligan al intérprete a una actividad que supere el contenido literal». Esto suele significar que, independientemente de lo que diga la norma aprobada, se debe ir más allá de la misma, en función de lo que exija la operación de ingeniería social de turno.

Por lo demás, el Auto inadmite a trámite por estar notoriamente infundada la cuestión de inconstitucionalidad planteada contra el Real Decreto Legislativo 8/2015, de 30 de octubre, que excluye del complemento de pensión por maternidad a las madres que se acogen voluntariamente a la jubilación anticipada. Según la mayoría del TC, la diferencia introducida por el legislador posee una justificación objetiva y razonable, ya que dicho complemento está pensado para compensar a las madres que, por dedicarse al cuidado de sus hijos, ven forzosamente reducido su período de cotización, lo que no se aplica a las que, pudiendo haber cotizado más, se acogen voluntariamente a la jubilación anticipada. La medida resulta también proporcional por la restringida relevancia del complemento y del amplio margen del legislador para regular las prestaciones sociales.

Posteriormente se dictó el ATC 119/2018. En este caso la recurrente, aspirante a presidir el Tribunal Superior de Justicia de la Región de Murcia, impugnó el acuerdo del Pleno del Consejo General del Poder Judicial por el que se nombraba a otro candidato. La Sala Tercera del Tribunal Supremo declaró nulo el acuerdo, ordenando retrotraer las actuaciones para que se dictara nueva resolución que subsanase el déficit de motivación referido a los méritos subjetivos de los candidatos y a la inaplicación de la regla de preferencia de las mujeres a igualdad de méritos con los aspirantes varones. El segundo acuerdo, por el que se nombró al mismo candidato, fue nuevamente impugnado por la recurrente, siendo esta vez desestimado el recurso por la Sala Tercera del Tribunal Supremo.

El Tribunal Constitucional inadmite el recurso de amparo inexistencia de vulneración de los derechos fundamentales alegados. En lo que aquí interesa se rechaza la vulneración del derecho a no ser discriminada, basada en la exigencia de una acción positiva, tanto por una razón formal —el precepto constitucional afectado por las resoluciones impugnadas sería, en su caso, el artículo 9.2 CE, que contiene un mandato de sustantivación de la igualdad formal, no susceptible de protección en amparo— como por otra material —la acción positiva solicitada en la demanda se sustenta en un automatismo que prescinde indebidamente de los principios constitucionales de mérito y capacidad—. El auto hace especial hincapié en el carácter discrecional del procedimiento de selección de la plaza objeto de la convocatoria —caracterizado por un perfil gubernativo-jurisdiccional—, lo que permite al CGPJ ponderar «en conjunto» los méritos del candidato (objetivos y subjetivos), sin que exista previsión normativa que autorice la imposición de un resultado en favor de un sexo, en detrimento de los principios de mérito y capacidad.

Se formula voto particular por Balaguer Callejón, pues entiende que se desoye exigencias legales. La juez dice, literalmente, que «la falta de consideración de la perspectiva de género en la actividad interpretativa desarrollada en las resoluciones de la mayoría del Tribunal, desatiende el mandato del artículo 4 de la Ley Orgánica 3/2007, de 22 de marzo, para la igualdad efectiva de mujeres y hombres, que establece que "la igualdad de trato y de oportunidades entre mujeres y hombres es un principio informador del ordenamiento jurídico y, como tal, se integrará y observará en la interpretación y aplicación de las normas jurídicas"». Y a partir de ahí construye un razonamiento donde lo que importa ante todo es «asegurar la presencia equilibrada de hombres y mujeres en los puestos de gobierno del Poder Judicial».

Tales planteamientos han tenido continuidad en algunas sentencias recientes. Comenzaremos trayendo a colación la STC 87/2020. En esta resolución el Tribunal Constitucional declaró vulnerado el derecho a la tutela judicial efectiva de la recurrente porque los tribunales ordinarios no investigaron su denuncia por violencia de género de forma suficiente y eficaz. Citándose el Convenio de Estambul y los artículos donde este alude a la perspectiva de género presente en la violencia de género (FFJJ 2 y 6, con expresa alusión de la Fiscal a dicha perspectiva), el Tribunal declara lesionado el derecho fundamental del artículo 24 CE.

Posteriormente se dictó la resolución que convalidó la Ley de Seguridad Ciudadana, la STC 172/2020, una sentencia polémica para una norma no menos polémica, que acabó convalidando la constitucionalidad de buena parte del redactado de la misma. No obstante, aquí la perspectiva de género volvió a aparecer en un voto particular suscrito por Balaguer Callejón. La juez entiende que: «autorizar la práctica de un registro corporal externo que pueda conllevar un eventual desnudo para prevenir o investigar, dado el caso, cualquier infracción administrativa resulta claramente desproporcionado, e ignora además la perspectiva de género y el impacto diferente que tiene sobre la intimidad personal un desnudo en virtud del sexo de la persona que lo sufre».

No se aclara en qué sentido se habla de perspectiva de género, ni por qué «impacta de forma diferente» la intimidad personal de dos seres humanos, hombre y mujer, igualmente desnudos ante la autoridad policial. Quizá sea porque el desnudo de la mujer exhibe atributos con una connotación más íntima que el hombre; de hecho, el único factor diferencial que se consigue columbrar es el de los senos, porque no tiene la misma carga exponer los de la mujer que los del hombre. Lo cual, de ser cierto, haría que el argumento cayera irremediablemente en la cosificación del cuerpo de la mujer, cuestión a buen seguro muy lejos de la intención de dicho voto particular.

A esta la siguió la STC 66/2022, una resolución sumamente interesante y discutida en el seno de nuestra jurisdicción constitucional. La demandante de amparo se hallaba en la semana 42 de embarazo cuando los servicios médicos le indicaron la conveniencia de someterse a un parto inducido. La gestante se negó pues deseaba dar a luz en su domicilio, lo que llevó al servicio médico a remitir un informe al juzgado de guardia indicando que el nasciturus corría peligro. Un juzgado de instrucción de Oviedo ordenó *inaudita parte* el ingreso hospitalario no voluntario de la recurrente en amparo, decisión que se mantuvo hasta el alumbramiento, que tuvo lugar un día después. Las resoluciones judiciales se confirmaron posteriormente por la Audiencia Provincial.

Se desestima el recurso de amparo por no existir quiebra del derecho a la tutela judicial efectiva en relación con el derecho a la intimidad personal y familiar. El derecho de la madre a decidir el lugar del alumbramiento, incardinado en su derecho a la intimidad personal y familiar, fue objeto de una limitación proporcionada al salvaguardar un bien constitucionalmente protegido como la vida y salud del *nasciturus*. La ponderación judicial fue acorde con su contenido constitucional y no generó indefensión, toda vez que la omisión de la audiencia a la gestante respondió a la extrema urgencia de preservar la vida del nasciturus, pues corría grave riesgo de hipoxia y muerte fetal. Al hilo de la autorización judicial de ingreso hospitalario forzoso, Presno Linera entendió que determinar cuándo un embarazo es de alto riesgo constituye una cuestión médica controvertida, entendiendo que debió aplicarse parte de la doctrina del TEDH, especialmente la STEDH (Gran Sala) en el *asunto Dubská y Krejzová c. República Checa*, de 15 de noviembre de 2016), de la cual resultaría amparado, en principio, el parto domiciliario (Presno, 2019; y Godoy, 2018).

La perspectiva de género hace acto de aparición en tres votos particulares, el que suscribe el juez Xiol Ríos, el que suscribe la juez Balaguer Callejón, y el que emite la juez Montalbán Huertas.

Xiol Ríos dice, en el apartado V de su voto *(La cosificación de la mujer en el debate judicial)*, apartado 11, que, para la mujer, la decisión judicial «(...) ha implicado la desapropiación de su voluntad sin darle la posibilidad de mostrar su parecer (...)». Según el juez:

> «(...) esto evoca una idea de reducción de la persona a un simple ente sin voluntad sobre el que se dispone. Ha sido objeto del sistema de justicia, pero no sujeto de ese sistema. La cosificación de la demandante de amparo resulta inasumible por imperativo del principio de dignidad que, como se ha destacado anteriormente, está vinculado con el derecho a ser oído en el marco de un proceso judicial en el que se dilucidan derechos e intereses propios, máxime cuando estos afectan a un ámbito personalísimo como los que se planteaban en ese caso.
>
> Además, las circunstancias concurrentes de que se trata de una mujer embarazada enfrentada a la decisión de cómo gestionar el acto del parto, hace que el

presente recurso adquiera unos matices íntimamente relacionados con la resolución de un conflicto asociado a la condición de mujer. En ese contexto resulta muy perturbadora la pobre valoración que cabe hacer de los avances materiales y no solo formales en la lucha por los derechos de las mujeres y de su autodeterminación en determinados ámbitos de decisión (...)».

Lo cual le sirve de preludio para asegurar que «(...) en este caso se alzaban poderosas razones por la naturaleza de la media adoptada y por la necesidad de proyectar una perspectiva de género en la resolución de este tipo de conflictos que hubiera debido determinar que este tribunal fijara un parámetro de control constitucional sobre el cumplimiento de la garantía de audiencia con un estándar más acorde a los retos que las democracias más avanzadas tienen en la remoción de los obstáculos sociales e institucionales —propiciados por ancestrales inercias— para la consecución de la igualdad real de género (...)».

Por su parte, la juez Montalbán Huertas comienza su voto con un apartado primero rotulado *De la necesaria incorporación de la perspectiva de género en el ejercicio de la potestad jurisdiccional*.

La juez cree que el marco teórico doctrinal de la resolución de la mayoría «(...) debió ser completado con la necesaria perspectiva de género. Elemento estructural del ordenamiento jurídico de carácter transversal y prevalente en la interpretación de las normas jurídicas, tanto sustantivas como procesales, que ha de presidir la resolución de todas las cuestiones referidas a situaciones en que se vean comprometidos, de manera prioritaria, los derechos de las mujeres, como son las relacionadas con la maternidad, la gestación y el parto. En el presente caso (...) la mujer embarazada y sus derechos como persona titular de derechos están ausentes del relato histórico y judicial (...)».

Para Montalbán, «(...) la perspectiva de género tiene su anclaje constitucional en el art. 9.2 CE, norma que contiene la noción de igualdad material y de obligación promocional de los poderes públicos, así como en el art. 14 CE que recoge la idea de igualdad formal y la interdicción expresa de discriminación (...). Considero que el recurso de amparo debió estimarse porque la decisión del juzgado de guardia —y de la Audiencia Provincial al ratificar aquella— están ausentes de perspectiva de género y contaminadas con prejuicios de género. Vulneraron los derechos fundamentales de la mujer embarazada (...)».

Después de realizar un repaso selecto (selectivo) por algunas normas y decisiones internacionales, acaba concluyendo que: «(...) los poderes públicos, también los órganos del poder judicial español deben incorporar en su proceso de toma de decisiones la perspectiva de género para garantizar que las mujeres serán tratadas como sujetos autónomos titulares de derechos y libertades (...)».

Llegamos así hasta la STC 106/2022, una de las últimas de la que se tiene constancia, donde se resuelve un recurso de inconstitucionalidad interpuesto por el grupo parlamentario VOX del Congreso de los Diputados, contra algunas disposiciones de la *Ley 8/2021, de 2 de junio, por la que se reforma la legislación civil y procesal para el apoyo a las personas con discapacidad en el ejercicio de su capacidad jurídica*. El recurso es desestimado pero tres magistrados, Balaguer Callejón, Xiol Ríos y Montalbán Huertas formulan conjuntamente voto particular concurrente.

El alcance de dicho voto queda establecido en su inicio: discrepar de la argumentación empleada por la mayoría porque «ignora la perspectiva de género». Desarrollan con detalle tal aseveración partiendo de la base de que se debe asumir «la condición de sujeto jurídico de las mujeres», lo cual supone «asumir que las disposiciones normativas tienen o pueden tener efectos diversos sobre las personas, en virtud del sexo de estas últimas».

Continúan los tres jueces: «(...) En este contexto, la perspectiva de género en el examen de la constitucionalidad (...) hubiera exigido analizar por qué y cómo las medidas cuestionadas afectan en particular (aunque no en exclusiva) a las relaciones de poder entre un padre y una madre que, encontrándose en una situación de violencia, tienen hijos o hijas en común (...)». Después de hacer un repaso por las principales normas que castigan la violencia de género en España, y también alguna sentencia que les resulta de importancia, se aprovecha para colar de rondón un concepto que proviene de los debates feministas (ideológicos) y mediáticos tan de las redes sociales: la violencia vicaria.

Lo hacen de la siguiente manera: «La deliberada omisión en la sentencia de toda referencia a la violencia de género en general y a la violencia vicaria en particular constituye una auténtica invisibilización de estas realidades desgraciadamente presentes de manera notoria en nuestra sociedad, invisibilización que resulta particularmente incomprensible en lo que se refiere a la violencia vicaria (...). La invisibilización de la violencia de género, que constituye la manifestación más grave de la desigualdad entre mujeres y hombres supone también ignorar por completo que el principio de igualdad entre mujeres y hombres, como regla hermenéutica general, ha de integrarse y observarse en la interpretación y aplicación de las normas jurídicas (art. 4 de la Ley Orgánica 3/2007 para la igualdad efectiva de mujeres y hombres)».

Este voto particular es particularmente interesante porque se va un poco más allá de lo que se acostumbra, incluso en materias así. Ahora ya no hay que implementar la perspectiva de género, sino que ahora debemos empezar a acostumbrarnos a que nuestro Tribunal Constitucional sea «feminista». En ese voto concurrente dicen los magistrados: «(...) El principio feminista de que "lo que no se nombra no existe", es una exigencia universal que el feminismo particulariza para las mujeres e integra en su reivindicación de la igualdad como un elemento de importancia. Y, en esta sentencia, no se interioriza

(...). No se nombra la violencia contra la mujer. Y no se considera que las medidas controvertidas tienen por finalidad no solo la protección de los hijos e hijas que viven sometidos a situaciones de violencia directa o indirecta, sino la protección de sus madres que pueden sufrir, a través del trato que los padres dispensan a los menores, situaciones de violencia vicaria (...)».

Se entiende mejor así que los discrepantes concurrentes digan que «el disenso en la argumentación tiene que ver con la ausencia del enfoque feminista en la sentencia del Pleno». Esa es la clave de todo: aplicar a las claras, sin tapujos ni cortapisas, un criterio puramente ideológico y político, sesgado y nada pacífico, para resolver los asuntos que lleguen al Tribunal Constitucional (Martínez-Sicluna, 2021; Carabante, 2021).

Sin irnos muy lejos, ya en la STC 12/2018 (FJ 6), y en la STC 13/2009 (FJ 13), el Juez constitucional incardinó el feminismo en la libertad ideológica, lo cual significa para el observador medio que estamos ante un principio más, sometido como cualquier otro al mercado de las ideas, en pugna y liza con otras tantas que defiendan algo parecido, algo diametralmente opuesto, algo a medio camino o nada en absoluto: es lo que tiene la auténtica libertad, que cabe la defensa, desde el pluralismo y la tolerancia, de cualesquiera ideas por *más que perturben, molesten, choquen, inquieten u ofendan*. En las SSTC 152/2009 y 180/2009 el término feminismo aparece en los Antecedentes del caso, pero por otro motivo. Varios juzgados de lo penal interpusieron en su día cuestión de inconstitucionalidad contra la Ley de Violencia de Género de 2004 alegaron que la filosofía que inspiraba dicha ley era un feminismo «esencialista o de la diferencia» opuesto a la ética universal. A la luz de cómo han evolucionado los acontecimientos, desde entonces, no les faltaba razón.

La última hasta la fecha es la STC 44/2023, de 9 de mayo, donde estipula el TC que el régimen de aborto introducido por una ley de 2010, basado en un sistema de plazos que, con carácter general, permite el aborto libre en las primeras catorce semanas, es constitucional. Ni que decir tiene que la mayoría del TC blasonaba de «progresista» al dictar esta resolución. En el FJ 10 de la misma establece que la perspectiva de género no es un concepto ideológico ni tiene como fin el adoctrinamiento sino un criterio hermenéutico más que incorporan tanto las normas internacionales («que, en ningún caso, pueden ser tomados como canon de constitucionalidad», según el voto particular de los magistrados Enríquez, Arnaldo y Tolosa) como las nacionales, así como la jurisprudencia del Tribunal Supremo español. Por supuesto, el criterio de la «living Constitution» vuelve a hacerse presente en el argumentario del TC, hablando incluso de un «derecho» al aborto, lo que constituye un palmario exceso de jurisdicción en el sentido que se explica de forma meridiana en el voto particular antecitado. También constituye una actitud excesiva el hecho de que la mayoría del TC decida juzgar un «modelo legal» al completo, en lugar de preceptos concretos. No es un ejemplo esta sentencia de autocontención, sin duda.

Además, la magistra Espejel también evacúa voto particular donde, entre los distintos aspectos de relevancia que trata, recuerda que en la STC 11/2023, de 23 de febrero, ya se dijo que los dictámenes de los comités de Naciones Unidas, y específicamente, del CEDAW, contienen recomendaciones para los Estados parte, pero no cabe atribuirles funciones jurisdiccionales (en sentido similar, STC 46/2022, de 24 de marzo, FJ 6).

5. Consideraciones críticas

Realizado el repaso anterior, es turno de exponer las consideraciones críticas que tales planteamientos merecen.

En primer término, destaca que ni siquiera quienes blanden la perspectiva de género consiguen explicar qué es la perspectiva de género o en qué consiste. A veces, solo se enuncia la expresión, como si con su mera escritura se operasen efectos taumatúrgicos. En otras ocasiones se dice que tiene que ver con un enfoque de género que tampoco se define. En las de más allá se apela a algún precepto normativo que, cuando se lee, no dice nada de dicha perspectiva, sino que define cuestiones relacionadas, pero en absoluto idénticas, como sucede con el artículo 4 de la Ley de Igualdad (que reconoce la igualdad de trato y de oportunidades entre hombres y mujeres, no la perspectiva de género).

En segundo término, emplear ese tipo de nociones suele dar pie a introducir otros que tampoco se caracterizan por su claridad o concisión. Es lo que sucede con «la violencia vicaria», que quiere significar la violencia que supuestamente ejerce el padre contra los hijos comunes para hacer daño a la madre. Sucede que, en puridad, también debería englobar la que ejercen las mujeres contra los hijos comunes para dañar al padre.

Esta última acepción se hurta en los debates feministas al uso pues quienes pontifican en ellos jamás aceptan la realidad cuando no les resulta favorable (Álvarez, 2023). Ítem más: por muy brutal que resulte la realidad, no puede hurtarse al debate. Los datos dicen que en ese contexto la madre mata igual o más que el padre. Aspecto reconocido por el propio Gobierno de España en 2022. Como esto no resulta útil a su noción de violencia machista, se orilla. Por cierto, al igual que sucede cuando el asesino es hombre, pero pertenece a algún *colectivo racializado o minoría desfavorable*, signifique esto lo que signifique (Hughes, 2022).

En tercer lugar, va de suyo que los magistrados constitucionales deben ejercer el cargo con independencia e imparcialidad. Aunque ha sido cuestión ampliamente debatida por la doctrina, el sentir general de la comunidad de constitucionalistas es que no cabe exigir pureza prístina a quienes, por lo demás, tienen ya una amplia trayectoria previa a la llegada al cargo. Juristas como Torres Muro, Sosa Wagner o Fuertes han argumentado en ese sentido de forma convincente resaltando que en otros sistemas se da por supuesto que sus magistrados constitucionales tienen ideología y los debates se centran en la calidad de sus sentencias, no tanto en su escoramiento hacia aquí o hacia allá (Torres Muro, 2013 y 2016; Sosa y Fuertes, 2021; y Matia, 2014). No obstante, recordemos que la normativa impone nombrar para el cargo a personas de reconocida competencia, no de reconocida ideología, al igual que impone su desempeño con la dignidad inherente al mismo (artículo 22 LOTC).

En cuarto lugar, desde el Derecho penal Ramírez Ortiz nos explica cómo, a los efectos, no puede hablarse de una única perspectiva de género sino de varias, porque los análisis se hacen desde concepciones políticas y culturales concretas. Insiste en dotar de contenido algo que ella misma caracteriza por su pluralidad intrínseca. Salvado eso, aplicar la perspectiva de marras en el ámbito penal exige, por un lado, manejar un adecuado entendimiento de la desigualdad y la violencia contra las mujeres, comprendiendo causas y efectos de las relaciones de poder y, por ello, de dominación, de los hombres sobre las mujeres. Por otro, identificar tales extremos en el caso concreto y cómo impactan «las estructuras de dominación» en la interpretación de los hechos en litigio y ver si se dan reglas discriminatorias. Además, tal perspectiva de género exige utilizar un lenguaje no sexista, evitar los prejuicios y estereotipos de género e incorporar los estándares internacionales atendiendo al contexto del caso concreto.

Aun con todo y con eso, el autor arguye que la perspectiva de género está en declive. Entiende que abordar el Derecho desde el postulado feminista es una exigencia convencional, legal y social, amén de una oportunidad para reflexionar sobre cómo se crean y aplican las normas. Apuesta por un Derecho más igualitario, también judicial. Lo hace con estas palabras: «el hecho de que los propios jueces tomen conciencia de la existencia de sesgos, de estereotipos, de esquemas y guiones cuando evalúan la realidad constituye ya un gran paso adelante en un contexto cultural e institucional tradicionalmente poco propicio a la reflexión superadora de los límites del formalismo positivista, pretendidamente apolítico, objetivo y neutral, pero de facto decididamente parcial y partidista».

Ramírez Ortiz cree que estamos bien ante un potente motor de cambio o bien ante una fórmula vacía y polivalente que sirve a otros fines, tales como extender los confines del ámbito punitivo, en lugar de limitarlo; enmascarar las verdaderas raíces del problema; o dar pábulo a ciertos movimientos sociales cuyo único rédito es promover la idea de que puede acusarse indiscriminadamente y sin necesidad de pruebas, penalizar al varón, instrumentalizar casos concretos e imponer penas espectaculares a modo de aviso a navegantes. De ahí que el autor concluya que la perspectiva de género debe garantizar la perspectiva democrática, no desplazarla (y menos despedazarla, podríamos añadir). El proceso penal no es lugar para recomponer desigualdades estructurales, «sino solo para reaccionar civilizadamente frente a concretas situaciones de violencia» (Ramírez, 2019; Martínez, 2018. y Llorente, 2021).

Con razón autores como Díez Ripollés han escrito una encendida defensa del Estado de Derecho y se posicionen, lógicamente, en contra de lo que el mismo autor ha dado en llamar «Derecho penal sexual identitario», donde se protegen intereses propios de colectivos sociales que desplazan al derecho penal más imparcial. Donde se utiliza la punición para la transformación social. Donde se introducen diversos sesgos valorativos atentatorios de la más elemental mesura en el juicio. Donde se elevan las penas hasta cotas intolerables desde la óptica del principio de proporcionalidad (Díez-Ripollés, 2019).

A pesar de estas críticas tan atinadas, subsiste en el Derecho Constitucional español una minoría que exige la aplicación inmisericorde de la perspectiva de género. Se dice minoría porque basta con consultar los trabajos académicos al uso respecto del ejercicio de las funciones propias tanto del Tribunal Constitucional como de las magistraturas constitucionales para colegir que la perspectiva de género no se observa como una demanda necesaria ni como una exigencia aparejable al ejercicio de potestad jurisdiccional alguna. Pero esa minoría sí defiende estos principios y por tal razón deben ser traídos aquí.

Un autor como Salazar Benítez reprocha la poca perspectiva de género del TC. Para contrarrestar tan nefasta tendencia, propone algunas soluciones. Por ejemplo, a la hora de nombrar magistrados, estos no solo deben demostrar reconocida competencia en lo suyo sino también «en materia de igualdad de género», cuestión que debería ser evaluada en las comparecencias parlamentarias pertinentes. Además, hay que dejar muy claro que «no es necesario partir de la intencionalidad de oprimir por parte de los hombres sino de la realidad estructural de la subordinación de la mitad femenina». Y en asuntos como los amparos, se debe entender en todo caso que la especial trascendencia constitucional se justifica cuando el litigio trate de «la subordinación de las mujeres».

En fin, «la perspectiva de género, o mejor, feminista, supone interpretar y aplicar el Derecho, y por tanto interpretar y aplicar también la Constitución, teniendo presente la urgencia de superar los sesgos de género del sistema constitucional y el objetivo de alcanzar "una sociedad democrática avanzada", la cual solo puede ser aquella en la que mujeres y hombres gocemos de un estatus equivalente». Esta metodología, se insiste, es «al mismo tiempo una apuesta epistemológica y ética» (Salazar, 2021; y Gómez, 2019). Entendemos implícitamente que defender una postura opuesta es antiético y anticientífico. Rogamos se nos perdone por ello, si es que tal cosa puede excusarse.

Un último apunte: estas tesis de la perspectiva de género, en realidad, beben de doctrinas muy conocidas y convenientemente orilladas por la realidad. A veces se denomina «uso alternativo del derecho», otras «teoría crítica del derecho», en ocasiones «huida del derecho», y siempre estamos ante la teoría evolutiva de la Constitución que entiende esta como «árbol vivo» y nunca como cerrazón originalista del marco de convivencia.

Al respecto solo podemos traer las palabras del profesor Ollero, quien cree que estamos ante una suerte de versión de la teología de la liberación para juristas, basada en la función creativa (no ya creadora) del juez. Así las cosas, «el jurista alternativo —ebrio de revolución pendiente— lo acaba viendo todo doble; no hay solución única ni múltiples, sino dual: burguesa-conservadora o emancipatoria-progresista (...). La Justicia, en todo caso, se politiza, no porque pase a cobrar dimensión política (toda creación jurídica, de uno u otro modo, la implica) sino porque se convierte en confesadamente parcial, para (...) no acabar siéndolo inconfesadamente (...)».

Para Andrés Ollero, aunque referido al estudio del realismo jurídico, sus observaciones valen para el tema que aquí nos ocupa, este tipo de propuestas pretenden darle fuste a su reivindicación al sustituir al torpe repetidor de tópicos por un «riguroso y fiable ingeniero social». De ahí que la teoría crítica como ciencia social encuentre en el juez crítico su fiel aliado, capaz de elegir (¿conminado a ello?), de entre las más diversas posibilidades jurídicas, la más favorable a la emancipación. En nuestro ámbito, a la perspectiva de género interpretada conforme a la visión e intereses de quienes enarbolan tal bandera, que por lo demás empieza a estar bien ajada.

Estas tesis son recursos a la fuerza, aunque se presenten como todo lo contrario. Exigen una obediencia férrea a sus postulados mientras niegan la posibilidad de que otros hagan lo propio. Aluden al «mínimo ético» (la perspectiva de género) y tratan de vincularlo a una realidad social (el patriarcado, el machismo, la violencia contra las mujeres) con el objetivo, confeso o inconfesable, de diseñar la sociedad futura, meta a la que ya se adscribe una orgullosa minoría autoconvencida de ello. Se invocan las exigencias éticas socialmente vigentes (la igualdad de género) y no se tolera la más mínima disidencia, señal de lo precario y no de la fortaleza de sus argumentos. Tal y como Ollero nos enseña: «revive así el despotismo ilustrado, que permitirá a la lúcida minoría que se muestra capaz de captar esa realidad social de obligado cumplimiento, imponer paternalistamente sus dictados a los demás, sin tomarse siquiera el trabajo de convencerlos de lo obligado del empeño» (Ollero, 2022).

Recordemos algo elemental que impone el principio de igualdad rectamente entendido: si se maneja la perspectiva de género se debe tener en cuenta a los dos géneros, no orillar a uno o a otro. Los dos. La igualdad más elemental debe tener en cuenta a mujeres y hombres. Si uno dice «las mujeres están discriminadas a la hora de acceder a la carrera judicial» y luego la realidad demuestra que la mujer ya supera en número a los hombres que aprueban la oposición, la perspectiva de género debería preguntarse por qué esto sucede (si es que tal extremo fuere negativo, que no lo parece) *en relación con ellos*.

6. Reflexión final

Como reflexión final vamos a sintetizar las principales conclusiones a las que conducen lo que hemos dicho en páginas anteriores.

Por un lado, la perspectiva de género es un término más ideológico o político que jurídico, de ahí que sea tan difícil de acotar desde la perspectiva del Derecho Constitucional qué signifique o cómo deba hacerse operativo. Conceptualmente inasible a buen seguro, tal cosa no ha obstado a que se lleven a cabo diversas maniobras jurídicas que han ido filtrando la noción en diferentes planes, libros, normas y sentencias, hasta el punto de que algunas voces doctrinales reclaman que se legisle con perspectiva de género o que se adopten decisiones judiciales con semejante perspectiva. Mucho nos tememos que es imposible el éxito de la empresa: si ni tan siquiera sabemos a qué estamos aludiendo, ¿cómo vamos a tomar decisiones o a dictar normas, o a dictar sentencias o a aprobar presupuestos en base a tal criterio?

Por otro lado, independientemente de lo que se acaba de decir, el legislador español no se ha arredrado e incluye tal concepción en algunas disposiciones normativas. Otro tanto sucede con algunas sentencias del Tribunal Constitucional, aunque en honor a la verdad debe decirse que la aparición de la perspectiva de género se ha realizado mayormente en votos particulares de magistrados pertenecientes a la minoría creada en torno al asunto concreto.

En fin, hemos expuesto algunos argumentos doctrinales que provienen tanto de la doctrina penalista como de la constitucionalista, los primeros escandalizados por aplicar algo que los segundos exigen de la jurisprudencia constitucional, de la legislación y, por supuesto, de la propia Constitución. El artículo 9.2 CE deviene cheque en blanco a rellenar conforme dicte la perspectiva de género. O, mejor dicho, conforme digan unos pocos que dicte la perspectiva de género. Un auténtico secuestro elitista, dogmático y sectario de las vidas corrientes de las personas.

Dicho con otras palabras, la perspectiva de género se está utilizando como un concepto metaconstitucional, más allá del Derecho Constitucional, pero con la vocación de penetrar en este, trayendo una visión que subvierte —como poco, sacude— los valores esenciales del ordenamiento jurídico. El proceso, nos tememos, no ha hecho más que empezar si nada o nadie lo remedia.

CAPÍTULO 3

NOMBRAMIENTOS JUDICIALES Y DISCRIMINACIÓN POR RAZÓN DE SEXO

El presente capítulo pretende dar cuenta de lo que sucedió en el *caso Alonso Saura c. España*, decidido por sentencia del Tribunal Europeo de Derechos Humanos el 8 de junio de 2023.

1. Planteamiento

En la contribución escrita en las siguientes páginas se pone a disposición del lector el comentario de una sentencia del Tribunal Europeo de Derechos Humanos referente a nuestro país, el caso *Alonso Saura c. España*, dictada el 8 de junio de 2023 por la Sección Quinta, con un fallo no condenatorio. Tal decisión cuenta con el voto concurrente de dos jueces y con el voto discrepante del juez «ad hoc» español. La referencia principal que se tendrá en cuenta en este texto es la que expresamente tiene que ver con la igualdad y la no discriminación por razón de sexo, comentando si resulta procedente a tal fin el resto de bienes y valores jurídicos que entraron en juego en el caso de autos.

En primer lugar, pondremos al lector sobre la pista del caso conforme a sus antecedentes. En segundo lugar, expondremos con cierta extensión la decisión a la que llega la mayoría de la sección quinta del TEDH (aunque no mucha, porque el parecer de la mayoría es algo parco). En tercer lugar, daremos entrada a los argumentos que se formulan en el voto concurrente y discrepante, respectivamente, con atención preferente al que evacúa el juez *ad hoc* español. En cuarto lugar procederemos a aportar algunas reflexiones críticas en torno al caso. Finalmente, esbozaremos una conclusión que intente resumir los principales hallazgos resultantes.

2. Antecedentes

El Tribunal Europeo de Derechos Humanos (TEDH) dictó sentencia donde declaraba que el nombramiento del presidente del Tribunal Superior de Justicia (TSJ) de la Región de Murcia por parte del Consejo General del Poder Judicial (CGPJ) se realizó conforme a Derecho, sin que resultase lesionado derecho fundamental alguno de la candidata no elegida y luego demandante de amparo internacional.

Respecto a la presunta discriminación de la mujer en la carrera judicial, baste decir, como casi en todo lo que tiene ver con porcentajes y estadísticas, que la clave reside en el enfoque que se desee privilegiar en aras de defender este o aquel fin. Igual de cierto es decir que las mujeres suponen hoy en día en torno al 54 % del total de la carrera judicial (¿discriminación en el acceso?) pero integran en menos de un 10 % los puestos de la cúpula judicial (¿discriminación en los nombramientos discrecionales?) (Blay y González Sánchez, 2022; Plaza Martín, 2021).

Para entender esta resolución hay que remontarse algún tiempo atrás, dentro de un contexto en el que el poder judicial ha estado en el epicentro de diversas polémicas jurídicas y políticas, tal y como ha explicado la comunidad de constitucionalistas. (Bustos Gisbert, Delgado del Rincón, Figueruelo Burrieza; López Aguilar; López Guerra, Lucas Murillo De La Cueva, Rosado Iglesias, y Serra Cristobal, 2022).; Por lo demás, no es ocioso recordar, junto a Scruton, que los derechos-libertad suelen ser los auténticos derechos, esos que en realidad vetan lo que un tercero podría hacerme, más que exigencias de que se comporte de una determinada —y obligada— manera. Convendrá retener este aserto porque tiene algo que ver con el trasfondo del caso que pasamos a exponer (Scruton, 2019: 131).

El Consejo General del Poder Judicial (CGPJ) convocó proceso selectivo en 2014 para elegir al presidente del TSJ de la Región de Murcia, puesto que había quedado vacante. Se presentaron tres candidatos, que finalmente, a los efectos que aquí interesan y siguiendo lo que sucedió en el proceso, acaban siendo dos. Un hombre, el candidato M.P.H; y una mujer, la candidata P.A.S. La competencia de elegir recae en el CGPJ y en esta materia goza de cierto margen discrecional reconocido por las leyes. Debemos anotar ya que este ha sido un tema tratado por la doctrina del Derecho público española (Fernández Riveira, 2022; Espiérrez Cabellos, 2022; e Igartua Salaverría, 2020).

Después de valorar los méritos de ambos candidatos en el proceso competitivo, el CGPJ nombra a M.P.H. como presidente del TSJ en 2015, otorgando explícitamente preferencia razonada a los requisitos subjetivos. La candidata P.A.S impugna la decisión ante el Tribunal Supremo (TS), quien en 2016 dicta sentencia dándole parcialmente la razón y ordenando que el CGPJ valore de nuevo los méritos, esta vez con un razonamiento más detallado acerca de los mismos en relación con la decisión final que adopte, sea esta la que proceda. En concreto, le conmina a que subsane el déficit de motivación referido a los méritos subjetivos de los candidatos y a la inaplicación de la regla de preferencia de las mujeres a igualdad de méritos con los aspirantes varones.

Ese mismo 2016 el CGPJ vuelve a elegir a M.P.H, dando especial importancia a las presentaciones orales que hicieron los candidatos, especialmente la del segundo, a la que llega a calificar de mejor «indisputablemente, indiscutiblemente, abrumadora incluso» respecto de la candidata (a la que se han reconocido mayores méritos objetivos, recordando que estamos ante un nombramiento discrecional donde lo objetivo y subjetivo se mezcla). Una minoría de cinco vocales del CGPJ disienten de la decisión de la mayoría y arguyen que los méritos de M.P.A.S eran superiores y que debió ser, en consecuencia, la elegida.

La demandante recurre de nuevo ante el TS. Este, en 2017, rechaza la demanda y confirma el nombramiento de M.P.H. La decisión se toma por 17 jueces frente a 15, emitiendo estos votos particulares y concurrentes. El TS arguye que el nombramiento discrecional implica poderes de elección para el CGPJ muy amplios, especialmente en lo que hace a puestos de gobierno de la judicatura, como era el caso.

Ante tal decisión, la recurrente demanda en amparo ante el Tribunal Constitucional (TC). Mediante el ATC 119/2018, de 13 de noviembre, se inadmite a trámite el recurso por inexistencia de vulneración de derechos fundamentales. El Auto indica que la especial trascendencia constitucional del asunto reside en la ausencia de doctrina previa sobre la posible incidencia de las medidas de acción positiva en la configuración del derecho a la no discriminación por razón de sexo.

El Juez constitucional entiende, por un lado, que no existe vulneración del derecho a la ejecución de la sentencia en sus propios términos, ya que el segundo acuerdo del CGPJ se limita a valorar de nuevo los méritos respecto de los cuales el Tribunal Supremo así lo ordenó debido a la motivación insuficiente del acuerdo inicial. Por otro lado, se rechaza la vulneración del derecho a no ser discriminado, que la demandante basaba en la exigencia de que se adoptase una acción positiva en su beneficio. La razón del rechazo constitucional se debe tanto a una razón formal —el precepto constitucional afectado por las resoluciones impugnadas sería, siquiera a título de hipótesis, el artículo 9.2 CE, que contiene un mandato de sustantivación de la igualdad formal no susceptible de protección en amparo, pues no regula ningún derecho fundamental— y otro material, dado que la acción positiva solicitada orilla indebidamente los principios constitucionales de mérito y capacidad.

La resolución del Tribunal Constitucional hace hincapié en el carácter discrecional del procedimiento de selección de la plaza objeto de la convocatoria —caracterizado por un perfil gubernativo-jurisdiccional—, lo que permite al Consejo General del Poder Judicial realizar una ponderación «en conjunto» de los méritos del candidato (objetivos y subjetivos), sin que exista previsión normativa que autorice la imposición de un resultado en favor de un sexo, en detrimento de los principios de mérito y capacidad. La resolución cuenta con tres votos particulares discrepantes, uno de ellos suscrito por dos magistrados, siendo los más incisivos en defensa del postulado igualitario el del magistrado Xiol Ríos y el de la magistrada Balaguer Callejón.

La vía quedaba expedita para la demanda de amparo internacional. La recurrente la interpone. Y el TEDH dicta la sentencia referida al inicio de estas páginas. Adelantamos ya que el Juez convencional es deferente para con el margen de apreciación nacional y, por consiguiente, respecto de las reglas que el ordenamiento jurídico español establece en cuanto al nombramiento discrecional de cargos judiciales por parte del CGPJ. Por ello entiende que no se lesiona ningún derecho fundamental de la recurrente.

Aclaremos que el margen de apreciación nacional sería un espacio de maniobra que las instituciones del Convenio reconocen a las autoridades nacionales, sin que *a priori* se establezca qué engloba y qué no. De ahí que su construcción judicial por parte del TEDH adolezca de escasa enjundia argumental y de ahí que pueda aplicarse de formas muy variadas, cuando no en franca contradicción (García Roca, 2019 y 2022).

3. La sentencia de Estrasburgo

El TEDH es de la opinión de que las sentencias de los tribunales deben establecer adecuadamente las razones en las que se basan. Así las partes pueden prever recibir una respuesta específica y explícita como resultado de los procesos judiciales (§ 34). No obstante, recuerda el TEDH que no puede ni debe actuar como una «cuarta instancia», como tampoco puede declarar *arbitraria* una resolución judicial doméstica salvo que haya razones de peso para ello o si esas razones se basan en errores jurídicos o factuales cometidos por los tribunales nacionales (§ 35) (García Vitoria, 2022).

Al aplicar tales principios al caso concreto, el TEDH entiende que el TS ha analizado con gran detalle la decisión del CGPJ, recordando el Juez convencional que el alto tribunal español puntualiza la facultad de amplia discrecionalidad que tiene el CGPJ a la hora de hacer nombramientos discrecionales, en particular aquellos puestos que tienen una impronta gubernativa relevante (§§ 36 y 37). El TEDH hace notar que la recurrente tuvo oportunidad de presentar su programa durante la presentación oral ante el CGPJ.

Además, el TEDH arguye que la ahora demandante de amparo internacional pudo recurrir en su momento ante las altas jurisdicciones nacionales, señaladamente ante el TS y por dos veces, quien en primera instancia le dio la razón, aunque no en segunda. En todo caso, dice el TEDH, se le ofrecieron razones detalladas de por qué se rechazaba su demanda. Así las cosas, el TEDH dice que dar preferencia a uno de los candidatos cuando ambos tienen méritos suficientes para el puesto no puede ser considerado, en sí mismo, contrario al artículo 6.1 CEDH (§ 38). Para el Juez convencional no se ha demostrado que las sentencias del Tribunal Supremo fueran arbitrarias o manifiestamente irrazonables hasta el punto de poner en riesgo la propia justicia del proceso (§ 39), por lo que declara, por seis votos contra uno, que no se violado el artículo 6.1 CEDH.

Es conocido que el artículo 6 CEDH es el que más demandas genera ante Estrasburgo (también en el caso de España) y el motivo no es otro que permitir al demandante invocar todas y cada una de las irregularidades de las que adolecieron, en su caso, los procesos internos (Mengual i Mallol, 2020, y López Guerra, 2021).

4. Los votos particulares

A la resolución se le opone un voto concurrente, firmado por los jueces Ravarani y Mourou-Vikström; y un voto particular, evacuado por el juez «ad hoc» español Jimena Quesada.

Respecto al voto concurrente, los dos magistrados entienden que un tribunal internacional puede a duras penas entrar a valorar el enjuiciamiento de la calidad de los méritos de los candidatos a nivel nacional, especialmente las vistas orales, incluso si es discutible. Creen que la elección era discrecional, es decir, sujeta a una serie de criterios objetivos y subjetivos, apuntando que la normativa nacional no prevé ningún orden de preferencia entre los criterios.

Se preguntan los dos jueces si no hay contradicción o dificultad en la relación entre tales criterios, sobre todo teniendo en cuenta que sería virtualmente imposible cuestionar la decisión final se tome, por más discutible que sea. Recuerdan que el poder discrecional está sometido al principio de legalidad y debe ser distinguido de la arbitrariedad. Como también abogan por la necesidad, en ocasiones y por determinadas circunstancias, de realizar nombramientos basándose en una serie de criterios subjetivos que permiten dar entrada a cualidades personales que deben ser tenidas en cuenta para el mejor desempeño del puesto.

En el caso concreto, estos criterios subjetivos demandaban ostentar facultades de liderazgo y manejo de recursos humanos, cualidades estas que no se deducen de examinar las páginas de un currículo y obviando la personalidad. Los dos jueces creen que el problema en el presente caso los criterios subjetivos parecen haber ensombrecido los criterios objetivos y aparentemente han servido como única base para la elección del candidato. Si un criterio subjetivo se impone sobre el resto de objetivos, dicen, el proceso por entero se convierte en discrecional. ¿Cómo resolver este dilema?, se preguntan. Y lo responden: una posible solución sería asignar coeficientes o porcentajes a cada criterio, una baremación a imagen y semejanza de como se hace a la hora de acceder a otros puestos de la función pública, para poder valorar en su justa medida los elementos y criterios en liza y así evitar que el proceso se vuelva pura y únicamente subjetivo.

Respecto al voto disidente, el Juez Jimena Quesada entiende que se han lesionado los derechos reconocidos en el artículo 6.1 CEDH, en el artículo 14 CEDH y en el artículo 1 del Protocolo 12 al Convenio. Entiende que se ha aplicado el margen de apreciación nacional de forma injustificada y acrítica a la hora de examinar tanto las decisiones del CGPJ como la Sentencia de 2017 del Tribunal Supremo. Jimena Quesada cree que el razonamiento de sus colegas de la mayoría no puede ser sino incompleto. En el caso de autos se ha producido, a su parecer, una situación sistemática de arbitrariedad al evaluar los criterios objetivos de los candidatos junto a una discriminación por razón de género que el propio TEDH debería haber corregido. De hecho, cree que este ha perdido una oportunidad crucial de dictar una sentencia piloto en aras de mejorar el sistema judicial español en consonancia con las exigencias del artículo 6.1 CEDH. A partir de esta aseveración el Juez Jimena Quesada lleva a cabo el desbroce de los argumentos en torno a los artículos concretos que estima vulnerados.

Respecto a la violación del artículo 6.1 CEDH, cree que tanto la resolución del TS de 2017, como luego la del TC de 2018 carecen de base legal suficiente en la medida en que avala una decisión del CGPJ manifiestamente irrazonable y arbitraria (la de mayo de 2016). De hecho, recuerda Jimena, el TS en primera instancia anula el primer acuerdo del CGPJ. Y lo hizo en base a dos motivos.

En primer lugar, el CGPJ ignora la relevancia de cuatro méritos objetivos que conducían a la candidata a tener mejor posición que el candidato. Estos eran: veteranía en la carrera judicial (diferencia notable de más de mil puntos entre ambos); experiencia como juez en tribunales civiles y penales (el candidato no gozaba de experiencia en los primeros); experiencia judicial en órganos judiciales colegiados (veinte años de experiencia frente a ninguno); y sentencias judiciales relevantes en tribunales civiles y penales (cincuenta y una frente a cinco).

En segundo lugar, el CGPJ ha dado un peso exagerado y sin explicar a dos de los cinco méritos subjetivos, que eran los siguientes: aptitud para ejercer funciones de dirección; coordinación y gestión de recursos humanos y materiales; participación en órganos gubernativos dentro del poder judicial; conocimiento de la situación de los tribunales pertenecientes a su división territorial; el programa de acción para el cargo al que aspiran; y otros méritos complementarios que no tengan naturaleza judicial, incluyendo actividades académicas.

El CGPJ dio un peso desmedido a los méritos complementarios y el programa de acción, a juicio del Juez Jimena. De ahí que la sentencia del 2016 del TS cuestionara la decisión por dos motivos: el CGPJ no ofreció razones de por qué los méritos objetivos, que dejaban en clara posición de ventaja a la candidata, fueron descartados como lo fueron. Y de por qué no se dieron razones de que, ante una similitud entre los méritos subjetivos de los dos candidatos, tuviera tanto peso en la decisión final el programa de acción del candidato finalmente vencedor.

Resalta el Juez español que la sentencia del TS de mayo de 2016 criticó duramente el aserto laudatorio de los méritos del candidato finalmente vencedor. Hace notar que su programa de acción había recibido ya la valoración máxima favorable y que basarse en este y en la presentación oral, así como en la entrevista en detrimento de los criterios objetivos podría abrir las puertas a una «completa arbitrariedad». La mayoría del TEDH ignora, a juicio de Jimena Quesada, esta resolución, quien la considera relevante para enjuiciar el caso. Además, en la segunda resolución del CGPJ este no solo omite el impacto de los criterios objetivos sino que insiste en el ensalzamiento *(extolling)* de los méritos del candidato masculino tanto desde el punto de vista cuantitativo como cualitativo. El tono laudatorio de las virtudes del elegido se convierte, de tal guisa, en el empleo de términos peyorativos contra la preterida.

Jimena Quesada llama posteriormente la atención sobre la segunda sentencia del TS, la que dicta en 2017, donde expone el alto tribunal que la segunda decisión del CGPJ estaba correctamente razonada y cumplía con sus dictados de 2016. Esta nueva sentencia fue ampliamente polémica pues el TS la adopta por 17 votos contra 15 (y recurrida ante el TC, este aprueba el ATC 199/2018 de 2018 por 6 votos contra 5). Todas ellas tuvieron votos particulares, que la mayoría del TEDH omite por completo. El Juez Jimena cree que la segunda sentencia del TS no fue consistente con la primera porque la brecha entre los méritos objetivos de una y los subjetivos de otro eran más que evidentes (a favor de la demandante) y por ende el TEDH debió ejercer sus labores de supervisión internacional.

Antes, al contrario, para Jimena el hecho de que se hayan eludido los méritos objetivos en favor de los subjetivos (exaltando estos, para más inri) se basó en una decisión arbitraria y manifiestamente irrazonable, por lo que se vulneró el artículo 6.1 CEDH. Haciéndose eco de la normativa internacional que impone seguir criterios objetivos en la selección de candidatos judiciales, Jimena cree que los dos altos tribunales nacionales apoyaron una decisión del CGPJ que incluía párrafos tan cuestionables como ese que contiene la segunda resolución de este, donde nomina al candidato, donde el CGPJ dice literalmente:

> «(...) que en ningún caso puede aceptarse que donde el legislador no limita la discrecionalidad y donde el Consejo no se autolimita, un tercer órgano, cualquiera que sea, se arrogue funciones constitucionales que están fuera de su competencia, despojando y degradando el órgano constitucional al que se le confiere esa función hasta el punto de hacer que su función sea indistinguible e irreconocible de la de un simple órgano administrativo (...)».

Jimena Quesada argumenta que la decisión definitiva del CGPJ adopta una postura difícilmente compatible con las exigencias del Estado de Derecho y del control judicial, sujeciones ambas que rigen para sus actos. Eso fue, *grosso modo*, lo que argumentaron los votos particulares de los 15 jueces del TS que discreparon de la decisión tomada por los otros 17. Tampoco cabe eludir que el llamado control de convencionalidad al respecto es de todo menos pacífico en la doctrina y está sujeto a cambios (Alonso García, 2020, y Díez-Picazo, 2023).

Entiende el Juez español que los tres pilares en los que se basa el propio Consejo de Europa —Estado de Derecho, democracia y derechos humanos— deben permear el funcionamiento de los sistemas judiciales de los Estados miembro. Se le antoja que un consejo judicial con tal «absoluto» poder es mucho más vulnerable a la politización, porque los partidos políticos se verían tentados de aprobar leyes, especialmente en lo tocante a nombramientos judiciales, que harían de estos órganos menos autónomos ante una posible «invasión» por parte del legislativo y del ejecutivo. Aprovecha el Juez para recordar que desde instancias internacionales se han dictado normas expresas para que los Estados tomen medidas para despolitizar el proceso de elección de vocales a este tipo de órganos. La Comisión Europea, en un informe de 2022, recordó a España que la renovación del CGPJ pendía desde 2018 y que sigue pendiente. El presente caso, según el Juez Jimena Quesada, no es extraño a este contexto (Comisión Europea, 2023).

Posteriormente aborda el Juez español los motivos por los que entiende que el artículo 14 CEDH se ha violado. No acepta que hubiere razones objetivas y razonables que condujeran a la elección del candidato. De hecho, cree que se produjo un trato favorable basado en razones subjetivas, a las que se dio un peso desproporcionado. Entiende que según las obligaciones que impone el artículo 14, un trato es discriminatorio si no goza de justificación objetiva y razonable, si no persigue un fin legítimo, o si no hay una relación razonable de proporcionalidad entre los fines y los medios empleados. Para el Juez Jimena se ha producido una discriminación por razón de sexo, sobre todo a la luz del hecho de que solo una mujer, frente a dieciséis hombres, es presidente de un TSJ en España. Por ello entiende el Juez que el artículo 14 CEDH implica una «obligación positiva» de hacer una «distinción» en favor de la demandante.

La segunda razón para entender vulnerado el precepto igualitario para Jimena Quesada reside en el hecho de que la decisión final del CGPJ «refleja un patrón de desigualdad de género en torno a la demandante». Al comparar los programas de acción de los candidatos, el Consejo se refirió a la «escasez» que presentaba el de la demandante, de contenido «escaso, genérico y con propuestas muy triviales». Añade el Consejo que de la comparación de ambos programas se deduce que la diferencia era «indiscutible, obviamente indiscutible, abrumadora incluso» a favor del candidato.

A pesar de que la mayoría del TEDH dice tener en cuenta para su decisión la comparecencia en audiencia pública de ambos candidatos, para Jimena Quesada se demostró que no hubo ninguna entrevista real, ya que el CGPJ no hizo pregunta alguna que pudiera servir para clarificar el asunto disputado. Las expresiones referidas y que se acaban de entrecomillar aquí son, a juicio del Juez español, difícilmente aceptables a la hora de llevar a cabo procesos selectivos en la función pública. Se interroga el Juez si hubieran sido aceptables esos calificativos respecto de la falta de algunos méritos objetivos del candidato. Como él mismo alega, la pregunta es recurrente y la respuesta obvia.

En suma, cree que se ha lesionado el artículo 14 CEDH, en conjunción con el artículo 6.1 CEDH, porque no solo fue la demandante evaluada injustamente en términos de mérito y capacidad a la hora de acceder al cargo de presidente del TSJ, más allá de la naturaleza discrecional de decidir sobre un puesto con un componente tanto judicial como gubernativo, sino que tal dislate —esto es de cosecha propia— no se remedió por las jurisdicciones internas, por lo que sufrió una «doble victimización» debido a cómo decidió el CGPJ.

El Juez español aborda la última de las lesiones que entiende que se ha producido con la sentencia de la mayoría: la lesión del artículo 1 del Protocolo 12 al Convenio, en conjunción con el artículo 6.1 CEDH. Este precepto reconoce el derecho a gozar de los derechos reconocidos en el Convenio sin discriminación, entre otros motivos, por razón de sexo. El magistrado cree que debieron aplicarse las previsiones legales nacionales, en concreto el artículo 16 de la Ley de Igualdad de 2007 («Los Poderes Públicos procurarán atender al principio de presencia equilibrada de mujeres y hombres en los nombramientos y designaciones de los cargos de responsabilidad que les correspondan»); y por el artículo 3.1 del Reglamento de 2010 que regula la provisión de plazas de nombramiento discrecional en los órganos judiciales, donde se dice literalmente que «en la provisión de las plazas a que se refiere este Reglamento se impulsarán y desarrollarán medidas que favorezcan la promoción de la mujer con méritos y capacidad».

El Juez Jimena Quesada recuerda posteriormente que la jurisprudencia convencional ha establecido que los estándares exigidos en torno al artículo 14 CEDH son también aplicables al artículo 1 del Protocolo 12. También recuerda que en estas lides los Estados gozan de cierto margen de apreciación nacional para establecer qué diferencias justifican tratos diferentes, pudiendo variar en función de las circunstancias, la materia o el contexto. Pero la decisión última sobre la observancia del Convenio corresponde al TEDH. Por eso comprende el Juez español que el margen de apreciación nacional debió cumplimentarse acudiendo a los postulados igualitarios españoles. Al no hacerlo, los tribunales nacionales fracasaron a la hora de «implementar la incontrovertida interpretación de la legislación en la materia».

Dicho con otras palabras: aplicar las medidas igualitarias reseñadas y dar el puesto a la candidata.

Para entender el bagaje en torno a la igualdad de género, el Juez Jimena Quesada permuta las posiciones de los dos candidatos, a título de hipótesis, y procede a analizar el caso de tal guisa. Es decir: supongamos que el candidato hubiera tenido más méritos objetivos y que la diferencia con los méritos subjetivos hubiera sido menor. En tal caso: ¿habría dado el CGPJ preferencia a la candidata? De nuevo, la pregunta es recurrente, y la respuesta obvia, según su propio parecer. En cualquier caso, sin recurrir a tal hipótesis, la situación real (mayor diferencial objetivo a favor de la demandante frente a menor diferencial subjetivo a favor del candidato) debería haber llevado a aplicar la «igualdad efectiva» contemplada en la ley española y, en consecuencia, a dar el puesto a la mujer frente al hombre. No obstante, el CGPJ (ni la mayoría del Tribunal Supremo en su sentencia de 2017, ni la del Tribunal Constitucional en su ATC 119/2018) no ofreció ninguna razón de por qué, a pesar de que la brecha entre los méritos objetivos entre ambos era mucho mayor que la brecha entre los méritos subjetivos, no se aplicaron las normas nacionales sobre igualdad efectiva para evitar la *discriminación inversa* a favor del candidato masculino.

5. Reflexiones críticas

Se ha expuesto las principales argumentaciones tanto de la mayoría como de la minoría del TEDH. Conviene recordar que el caso, a la fecha de cierre de estas líneas, puede ser objeto de recurso ante la Gran Sala.

El caso presenta diversas aristas, todas ellas de enjundia. Así que vamos a enumerar en primer término cuáles son y a abordarlas separadamente después.

En primer lugar, el lector colegirá que estamos ante un caso límite, muy polémico, donde las partes implicadas, así como los órganos constitucionales y jurisdiccionales que decidieron la cuestión, estaban profunda y filosóficamente divididos de forma casi irreconciliable. *Hard cases make bad law*, se podría decir.

En segundo lugar, se detecta en la sentencia convencional una deferencia importante respecto de las decisiones tanto de los altos tribunales nacionales como del propio CGPJ. El TEDH viene a decir que estas no han lesionado el derecho a un juicio justo. Pero en esta cuestión sucede algo extraño: el TEDH empieza diciendo que la demandante alega que se han vulnerado sus derechos reconocidos en el artículo 6.1 CEDH, pero añade que también se podrían haber vulnerado los derechos del artículo 14 CEDH así como los contemplados en el artículo 1 del Protocolo 12 al CEDH (§ 1). No sin sorpresa, la ratio decidendi del TEDH omite por completo las dos últimas alegaciones, no hace alusión alguna a la igualdad. Se limita a dilucidar si se ha quebrado el artículo 6.1 CEDH. Ya sabemos que su respuesta es negativa, porque entiende que el margen de apreciación nacional implica que la selección conforme a los criterios ejecutados en el caso de autos fue conforme al Convenio.

En tercer lugar, a la fecha de cierre de las presentes líneas no existen opiniones doctrinales sobre el caso salvo una en contra del parecer de la mayoría del TEDH (Chaves, 2023). No obstante, dado que hemos trabajado con cierta dedicación algunas de las cuestiones que plantea el principio de igualdad y de no discriminación, quizá quepa lanzar ciertas ideas a modo de hipótesis para contribuir al debate que a buen seguro suscitará esta sentencia. También conviene hacer notar que se entiende mejor si se pone en consonancia con otras sentencias del Tribunal Europeo de Derechos Humanos en materias estrechamente relacionadas (Bouazza Ariño, 2023a y 2023b).

El CGPJ, en su Acuerdo de 26 de mayo de 2016, dice que no existe jerarquía en los méritos a ponderar, de ahí que efectúe su análisis en conjunto. Ponderar significa equilibrar entre varios valores en juego, que es precisamente lo que sucede en este caso: dotado un margen discrecional indubitado, el CGPJ, examinados los méritos de los candidatos, nombra a uno de ellos. No estamos ante un concurso reglado o baremado de méritos, pues de haber sido esta la opción querida el legislador orgánico la habría introducido en las directrices que rigen este tipo de convocatorias. El mandato legal confiere amplia discrecionalidad al CGPJ en aras de priorizar los méritos y capacidades más relevantes, pues eso significa «ponderar», recuerda el propio Consejo. No cabe olvidar, en fin, que los nombramientos integran el núcleo de la función constitucional atribuida al Consejo ex artículo 122.2 CE.

Además, en cuanto a la presunta discriminación por razón de sexo, el CGPJ sí tuvo en cuenta el impacto de género de su decisión, hasta el punto de que solicitó y manejó el Informe de la Comisión de Igualdad del propio CGPJ (Figueruelo Burrieza y Iglesias Bárez, 2020). Añade el órgano constitucional que el principio de composición equilibrada no puede operar con «rígido automatismo» cada vez que una mujer concurra con un hombre en la disputa por un cargo cuyo nombramiento no es reglado sino discrecional. Tal extremo solo acaecería si se apreciase «una idoneidad parangonable o una igualdad sustancial de méritos», lo cual no es precisamente lo que sucede en el caso de autos.

Sabemos que en primera instancia el TS anula la decisión y obliga al CGPJ a motivar de forma más exhaustiva los razonamientos que le llevan a decidirse por el candidato masculino. Dando cumplimiento a tal exigencia, el CGPJ aprueba por nuevo Acuerdo volver a nombrar al candidato nombrado en primera instancia.

En cuarto lugar, es menester intentar arrojar luz sobre la decisión del Tribunal Supremo. Los argumentos que maneja en su Sentencia de 27 de junio de 2017, dictada por el Pleno de la Sala 3.ª, recuerdan que el codemandado alega que la motivación del Acuerdo del CGPJ ha sido tan deferente y clara que no ha lugar a que se adopte una acción positiva que conlleve el nombramiento de la candidata femenina. Dicho con otras palabras: los dos candidatos tienen méritos diferentes. Es discreción del CGPJ valorar tales méritos. El CGPJ decide en primera instancia elegir al candidato, pero, a juicio del TS, la motivación ofrecida para respaldar tal decisión es insuficiente. Procede a realizar el nombramiento por segunda vez, y esta vez entiende el TS satisfecha la exigencia de motivación, recordando la facultad discrecional del CGPJ.

En suma, no es tanto que el CGPJ decidiera contra Derecho, es que decidió, dentro de la discrecionalidad que le confieren las normas, en primer término, con una motivación insuficiente y, posteriormente, con una ya adecuada a los criterios establecidos por el Tribunal Supremo. Esto resulta plenamente congruente con la doctrina asentada en este alto tribunal: los actos del CGPJ son fiscalizables en sede jurisdiccional contencioso-administrativa, también (especialmente) en el ámbito de nombramientos no reglados donde la discrecionalidad es moneda de curso legal (Díez-Picazo, 2020).

Lo que se acaba de decir no parece presentar especiales problemas en la teoría, aunque sí en la práctica. Al no regirse por criterios de antigüedad o escalafón, el Consejo hará nombramientos sensibles e importantes (magistrados del Tribunal Supremo y presidentes de Tribunales Superiores de Justicia, de Audiencia Nacional, y de Audiencias Provinciales) siguiendo la técnica discrecional. No queda exento de control, sus decisiones siguen siendo controlables ante la jurisdicción contencioso-administrativa, «que velará por la regularidad del procedimiento de nombramiento». Así las cosas, no es infrecuente que el Tribunal Supremo revoque nombramientos efectuados por el CGPJ, incluso en ocasiones nombramiento de magistrados...del Tribunal Supremo (López Guerra, 2023).

En quinto lugar, es el turno del razonamiento del Tribunal Constitucional. Sabemos que el TC inadmitió a trámite el recurso de amparo presentado por la candidata mediante un Auto que tiene cuerpo y espíritu de sentencia. Sobre la presunta discriminación por razón de sexo se afirman cuestiones de franco interés tanto en la *ratio decidendi* de la mayoría como en los votos particulares.

La mayoría del Juez constitucional llega a la conclusión de que las acciones positivas plantean en ocasiones una lesión de la igualdad (FJ 5). Aplicando la STC 117/2011, entiende que solo se puede emplear el sexo en circunstancias excepcionales, lo cual implica que será escrutado conforme a cánones más estrictos en cuanto a su justificación y proporcionalidad. No forma parte del contenido esencial del artículo 14 CE que se adopten acciones positivas en favor de la mujer (ni de nadie), más allá de que muy puntualmente, tal y como indicó la STC 128/1987, cupiera hacer una excepción. La mayoría aplica también la doctrina sobre las acciones positivas dictada tanto por el TEDH como por el Tribunal de Justicia de la Unión Europea (TJUE) (Hernández Ramos, 2022; y Roca Fernández, 2022).

Después de dicho análisis llega a la convicción (FJ 8) de que no cabe imponer con automatismo a la candidata cuando exista diferencia de méritos. Ello atentaría contra los criterios de mérito y capacidad (art. 103.3 CE), proyectado en el acceso en condiciones de igualdad a los cargos públicos (art. 23.2 CE). La jurisprudencia del TJUE exige que exista una «cláusula de apertura» que permita entrar a valorar los currículos de los candidatos, entendiendo contraria al Derecho de la UE una cuota que establezca, sin mayores distinciones, la preferencia automática en favor de uno de los contendientes. Así se estableció por el propio TJUE en el señero *caso Kalanke*, asunto C-450/93, de 17 de octubre de 1995; una vez que se elimina la preferencia automática la promoción igualitaria podría tener cabida, va de suyo que respetando el resto del ordenamiento jurídico, tal y como se ratificó en el siguiente caso en el que el TJUE tuvo la oportunidad de hacerlo, *caso Marschall*, asunto C-409/95, de 17 de noviembre de 1997 (Álvarez Rodríguez, I; 2012; y Díez-Picazo, 2021).

El TC deja un párrafo luminoso cuando dice, literalmente, que «lo que no puede pretenderse es que la recurrente deba ser puesta en posesión de la plaza para compensar la falta de mujeres en las presidencias de los Tribunales Superiores de Justicia olvidando cualquier otra consideración, cuando el órgano de selección (...) ha razonado en este caso de manera pormenorizada (...) el por qué el otro candidato posee en conjunto más méritos para ocupar la plaza convocada» (FJ 8).

El Tribunal Constitucional inadmite a trámite por dos motivos. El primero es un motivo formal y es que el artículo 9.2 CE no es un derecho fundamental y no puede ser objeto de un proceso de amparo. El segundo es un motivo sustantivo, y es que el automatismo de la acción positiva solicitada por la candidata prescinde indebidamente de los principios de mérito y capacidad.

Además, debemos recordar que, respecto a la discriminación por razón de sexo, el TC añade (FJ 9) que no ha lugar porque la demanda de amparo se basa en afirmaciones gratuitas como que el CGPJ «no quiere mujeres en puestos de mando», al igual que afirma que se evita elegir a mujeres «que por su edad y experiencia tienen personalidad y criterio propio». Tales pareceres carecen del más mínimo soporte probatorio, ni siquiera constituyen indicios que pudieran hacer cambiar de parecer al Juez constitucional. Añade este que los méritos solicitados podían ser alcanzados por hombres y mujeres por igual, amén de que el CGPJ entendiera correctamente que al no haber igualdad en los méritos («no parangonables»), no se daba el presupuesto de hecho para adoptar una acción positiva.

Estamos, en suma, ante un proceso regido por la decisión discrecional de un órgano constitucional, técnica esta que ya fue avalada en sede constitucional de modo explícito por la STC 238/2012 (FJ 10).

Los votos particulares emitidos también gozan de interés. Expondremos primero el del magistrado Xiol Ríos, al que se adhiere el magistrado Valdés Dal-Ré y, posteriormente, el de la magistrada Balaguer Callejón.

Respecto al primero, los magistrados discrepantes entienden que pudo lesionarse el artículo 14 CE, toda vez que la candidata tenía más méritos objetivos que el candidato. Estos se han visto desplazados por los subjetivos, donde el candidato, a juicio del CGPJ, tenía más pujanza, sin ofrecer la necesaria motivación reforzada que, a juicio de los dos magistrados, debía haber sido explicitada por el Consejo. A lo peor, barruntan los dos jueces, estamos ante un caso de desviación de poder.

Xiol y Valdés creen que se debería haber aprovechado la ocasión para profundizar en los lineamientos de la STC 128/1987, que es la primera y hasta la fecha última que ha optado por defender la legitimidad constitucional de las acciones positivas como exigencia de una interpretación al alimón entre el artículo 14 CE y el artículo 9.2 CE. Los magistrados discrepantes entienden que las acciones positivas no son una excepción al derecho fundamental a la igualdad, sujetas a límites y excepciones, sino que, antes, al contrario, integran el contenido del derecho fundamental a la no discriminación por razón de sexo. De incumplir la que así se dictase solo podría reputarse como inconstitucional. La postura de los discrepantes implicaría, en puridad, darle la vuelta a la interpretación de un artículo tan sensible como el 14 CE.

Algo similar sucede en el voto particular evacuado por la magistrada Balaguer Callejón. Comienza recordando que el concepto «democracia paritaria» se introdujo en la STC 12/2008 y que el caso de autos es una variante del mismo, pero con «juezas y magistradas» en lugar de con representantes políticos. Cuando la doctrina constitucionalista ha estudiado el asunto ha circunscrito el asunto al ámbito político-representativo, aunque despuntan estudios recientes sobre el acceso femenino a las altas esferas económicas (Martín Guardado, 2022). A la magistrada Balaguer se le antoja que la falta de perspectiva de género en el parecer de la mayoría oscurece su razonamiento y cita en apoyo de su tesis el artículo 4 de la Ley de Igualdad de 2007, que establece la interpretación y aplicación de las normas jurídicas atendiendo al principio de igualdad de trato y de oportunidades (no de la perspectiva de género).

Entiende Balaguer Callejón que el artículo 9.2 CE es un límite a la discrecionalidad del CGPJ, a la par que constata que existe un sesgo de género en los méritos de cada candidato porque la candidata hubo de hacer los suyos —y dejar de hacer los que luego fueron definitivos, como estancias en el extranjero— mediando factores como la edad fértil o la crianza y educación de los hijos.

Finalmente, cabría preguntarse si podría suceder un caso similar hoy. Debemos reparar en que los hechos de autos suceden en el año 2014 y de ahí en adelante. En el año 2018 se reformó el artículo 326 LOPJ, acogiendo las recomendaciones que los informes GRECO del Consejo de Europa habían reiterado. La reforma establece un mecanismo transparente y objetivo para la provisión de altos cargos judiciales. Las bases de la convocatoria deben fijar de forma clara y separada cada uno de los méritos que se vayan a tener en consideración, diferenciando cuáles deban ser las aptitudes de excelencia jurisdiccional y cuáles las de cariz gubernativo, así como separar los méritos comunes de los méritos específicos para desempeñar el puesto. Se obliga también a que la valoración de conjunto de los méritos se encuentre motivada y, quizá más importante a la luz de las exigencias de género tan propias de los tiempos que nos toca vivir, la propuesta final de valoración debe pronunciarse sobre su adecuación a la Ley de Igualdad de 2007 (Delgado del Rincón, 2022).

Además, debemos mencionar la reforma operada por la Ley Orgánica 4/2021, de 29 de marzo, limitando algunas atribuciones del CGPJ cuando se encuentre en funciones por no haberse renovado en el plazo previsto por la ley. El artículo 570 bis LOPJ no permite al CGPJ en funciones el nombramiento de los presidentes de TSJ, entre otros nombramientos de presidentes de órganos judiciales colegiados que también tiene vetados. La doctrina constitucionalista no parece haber acogido de buen grado esta nueva reforma y ofrece abundantes razones que podrían unificarse en una: en ocasiones puede ser peor el remedio que la enfermedad, para mayor descrédito de la justicia a ojos de los justiciables o la falta de cintura para permitir que órganos judiciales puedan funcionar en plenitud, entre otros efectos negativos (Bustos Gisbert, Delgado del Rincón, *et. al*, 2022).

Lo que se acaba de decir podría verse como un «parche» que no funcionará porque el problema, lejos de ser coyuntural, es estructural. Si recordamos brevemente lo que sucedió, desde la entrada en vigor de la Constitución hasta el año 2005, aproximadamente, los nombramientos discrecionales realizados por el CGPJ carecían de control alguno. En torno a 2005, los jueces del Tribunal Supremo introducen la exigencia de motivación del nombramiento, como forma de controlar en cierta medida tales nombramientos. Después se pasa a hablar de abuso de poder o desviación de poder, donde el TS puede corregir o anular los nombramientos (lo que sucedió en el caso de autos).

Algunos autores abogan por introducir un concurso de méritos en la provisión de tales plazas y el asunto quedaría resuelto. No tanto la *cirugía invasiva* de eliminar el propio Consejo —por estas y otras muchas disfuncionalidades que convergen en ser correa de transmisión de intereses políticos— sino la *cirugía estética* de limitar su capacidad discrecional obligando legalmente que la cúpula judicial, entendida en sentido amplio, se rija por las mismas reglas que las que operan para el resto de los miembros de la carrera judicial. Un concurso ordinario, con las diferencias de baremos que deban establecerse en función del puesto y de sus exigencias concretas (Aragón Reyes; De Carreras; Díez Nicolás; Fernández; García Delgado, Lamo De Espinosa; Mangas; Sosa Wagner; y Tortella, 2022).

No queremos dejar en el silencio alguno de los argumentos que formuló el magistrado Pérez Tremps en su voto concurrente a la STC 13/2009. Al convalidar la constitucionalidad de una medida bastante parecida al principio de composición equilibrada electoral, en este caso para el País Vasco, el magistrado entiende que este tipo de medidas:

> «(…) aunque se formulen en términos neutros, finalmente son medidas positivas, como en seguida se verá y, lógicamente, no sólo tienen el límite de no lesionar derechos fundamentales, sino que están sujetas al conjunto de la norma fundamental. Por lo demás, este Tribunal viene exigiendo un especial rigor en el enjuiciamiento de medidas diferenciadoras basadas en el criterio del sexo (STC 200/2001, entre otras) (…)».

Hay que elaborar, pues, un juicio global de constitucionalidad y este debe ser estricto, siguiendo a Pérez Tremps. Estamos, al fin y al cabo, ante medidas que difícilmente se concilian con el principio de igualdad. Uno de los factores que podrían hacerlas legítimas es su temporalidad. *Mutatis mutandis*, en el caso que aquí nos ocupa la demandante no alega que se aplique una acción positiva temporal sino una medida positiva que *la favorezca directamente a ella*. Ese es, podríamos barruntar, el auténtico quid de la cuestión: la candidata saber que tiene más méritos objetivos, pero estos han pesado menos en la decisión del CGPJ que los subjetivos de su contrincante. Por eso reclama una «acción positiva». Como dice Pérez Tremps en el voto concurrente: estas medidas están «por definición situadas en tensión con el citado principio de igualdad» y «cumplido su objetivo, deberán ser reformuladas, en una valoración que corresponde al legislador, pero que también puede ser objeto de control de constitucionalidad de este tribunal». Para el caso que nos ocupa, es lo contrario a lo que propone tanto la demandante como el Juez *ad hoc*.

Abundando en el parecer anterior con un criterio similar, el constitucionalista Díez-Picazo ha resumido a la perfección lo mollar cuando ha dicho lo que sigue:

> «Parece, en todo caso, que la introducción de excepciones a la asignación de derechos y deberes sobre la base de características personales exige una extremada prudencia, pues puede perjudicar a personas que de ningún modo son responsables de la situación que se trata de paliar. Por ello, es importante la matización que a menudo se hace sobre la inadmisión del puro automatismo y, más aún, sobre el carácter necesariamente temporal de las medidas de acción positiva. Y no estaría de más, en fin, que se les impusiera la superación del juicio de proporcionalidad» (**Díez-Picazo,** 2021: 199).

6. Conclusión

El caso *Alonso Saura*, decidido por una sentencia que a la fecha de cierre de estas líneas todavía no es firme, tiene diversas implicaciones para el ordenamiento jurídico español. Es para congratularse el hecho de que no se haya dictado una violación del Convenio. Para la mayoría del TEDH, el análisis realizado por la jurisdicción interna, señaladamente el Tribunal Supremo, ha sido respetuoso para con las garantías inherentes al artículo 6.1 CEDH.

Se constata que dicha mayoría emplea de forma deferente el margen de apreciación nacional. Dos magistrados concurren en el fallo de sus colegas, aunque discrepan del razonamiento en lo que hace a la ponderación entre los méritos objetivos o subjetivos, pues entienden que los segundos han eclipsado a los primeros y que tal cosa podría evitarse, pro-futuro, mediante el establecimiento de un baremo que pondere previamente los méritos exigidos. El magistrado *ad hoc* español hace un voto particular mucho más duro, pues entiende que el CGPJ tomó una decisión arbitraria, que los altos tribunales nacionales no le enmendaron la plana (salvo en primera instancia el TS) y de algún modo convalidaron tal estado arbitrario de cosas, amén de entender que se ha producido una vulneración del derecho a la no discriminación por razón de sexo, que debió ser corregido por algún tipo de acción positiva amparada en la legislación igualitaria que rige en España.

En puridad, el asunto tiene poco que ver con la igualdad y sí con el poder discrecional de nombrar que faculta al CGPJ. Parece una solución más plausible, pausada y realista la de los dos magistrados que discrepan concurriendo, pues introducir una baremación significa intentar establecer reglas *a priori* que sirvan para que la contienda se desarrolle sabiendo de antemano qué se exige y cómo se va a exigir. Las medidas incrementales, por su naturaleza gradual, no quedan a expensas de un «todo o nada». Caben matices, puntualizaciones, otorgar algo más de peso a este o a aquel mérito y, en fin, establecer una serie de precondiciones más seguras desde el punto de vista jurídico.

Finalmente, aun dando entrada al postulado igualitario, rápidamente este se abandona o desaparece para exigir, como bien arguye el voto de Jimena Quesada, una acción positiva que hubiere favorecido a la candidata frente al candidato, otorgándole el puesto. Eso también integró el *petitum* de la candidata. Pero, en mi modesta opinión, yerran el tiro pues piden tal cosa a sabiendas de que lo de veras exigen es que hubiere tenido más peso el criterio objetivo que el subjetivo. Al ver cómo la balanza se decanta a favor del segundo (insistimos: no es ilegalidad sino discrecionalidad), solo queda el recurso de solicitar, ante la escasísima infra-presencia de jueces mujeres en los puestos altos del escalafón, que se adopte una medida promocional que atribuyera el puesto a la demandante.

Este caso lo vuelve a demostrar una vez más: hacer justicia no tiene que ver con darle automáticamente el bien disputado a quien pertenece a una presunta minoría (las mujeres no lo son en términos sociales y menos las mujeres jueces) sino en establecer *a priori* condiciones objetivas, regladas y baremadas para que gane el/la mejor.

CAPÍTULO 4

LA IGUALDAD EN LA CONSTITUCIÓN ARGENTINA

A continuación, se exponen los mimbres de la investigación que se realizó aprovechando una estancia de investigación que se hizo en el año 2023 en la Facultad de Derecho de la Universidad de Buenos Aires. El tema elegido fue la igualdad desde el punto de vista de la doctrina constitucional argentina, para poder compararla con la visión que defiende, a grandes rasgos, la doctrina constitucional española. También acudiremos a fuentes académicas norteamericanas que han terciado en el debate con argumentos plausibles.

1. Introducción

La contribución se va a dividir en dos grandes apartados. En el primero se opta por repasar brevemente cómo y en qué lugares normativos se recoge la igualdad en el ordenamiento constitucional argentino. En el segundo se opta por traer los criterios y principios que la doctrina de especialistas ha empleado para interpretar dicho marco normativo.

2. La igualdad en las normas

Debemos comenzar por reseñar que la igualdad es un principio recogido tanto en la Constitución federal como en las Constituciones de las diferentes provincias. La cuestión principal estriba en saber el alcance que se le otorga. En la Constitución federal, tiene plasmación en el artículo 16, con el siguiente tenor literal: «La Nación Argentina no admite prerrogativas de sangre, ni de nacimiento: no hay en ella fueros personales ni títulos de nobleza. Todos sus habitantes son iguales ante la ley, y admisibles en los empleos sin otra condición que la idoneidad. La igualdad es la base del impuesto y de las cargas públicas».

A partir de ahí, concreta específicamente en algunos ámbitos una igualdad incisiva. Por ejemplo, el artículo 37, que dice así: «Esta Constitución garantiza el pleno ejercicio de los derechos políticos, con arreglo al principio de la soberanía popular y de las leyes que se dicten en consecuencia. El sufragio es universal, igual, secreto y obligatorio. La igualdad real de oportunidades entre varones y mujeres para el acceso a cargos electivos y partidarios se garantizará por acciones positivas en la regulación de los partidos políticos y en el régimen electoral». También se proclama la igualdad de oportunidades en todo el territorio nacional de los argentinos (art. 75.2), así como respecto de la comunidad indígena (art. 75.19), o de la promoción de acciones positivas para minorías desfavorecidas, entre las que la propia Constitución lista los ancianos, las mujeres o los discapacitados (art. 75.23).

Respecto de las Constituciones provinciales, destacamos dos como representativas del resto. Por ejemplo, la Constitución del Chaco establece la igualdad respecto de la familia en su art. 35.1, que debe ser una igualdad efectiva de oportunidades y derechos de la mujer y del hombre, respetando sus características sociobiológicas. O la Constitución de Catamarca, donde su art. 65. II establece la igualdad laboral en torno a la maternidad y a la conciliación y donde declara la igualdad de la mujer en cuanto al ejercicio pleno de sus derechos, la igualdad de oportunidades y al acceso efectivo a la capacitación profesional.

Tales postulados constitucionales han ido teniendo plasmación legislativa paulatina. Como uno de los primeros ejemplos tendríamos la Ley 24.012 de cupo femenino, legislación que determinó que al menos el 30 % de las listas de candidatos que presentan los partidos en las elecciones estuviera ocupado por mujeres. La ley fue sancionada el 6 de noviembre de 1991, durante la presidencia de Carlos Menem y su autoría original se atribuye a la feminista radical Margarita Malharro. Fue la primera ley de cuotas establecida en América Latina. Luego, otros once países latinoamericanos introdujeron leyes similares. En Argentina, fue aplicada originalmente en la Cámara de Diputados de la Nación, extendida en 1995 al Senado de la Nación cuándo cambió su modo de elección, pasando de senadores elegidos por las legislaturas a elegidos directamente en elecciones, y a partir de 2015 al Parlasur. La norma fue derogada por otra del mismo rango, de 2017. A partir de ese momento se estableció por Ley N.º 27.412 un sistema de paridad de género en los órganos legislativos nacional y subregional (Congreso Nacional y Parlamento del Mercosur)[2].

2 Todas las disposiciones igualitarias dictadas en la Argentina pueden consultarse aquí: https://www.argentina.gob.ar/justicia/derechofacil/leysimple/mujeres-generos-diversidad. Último acceso: 15/10/2023.

3. La igualdad en la doctrina

Desde el punto de vista del análisis doctrinal, para Alegre, los análisis sobre igualdad en América Latina suelen ceñirse principalmente a la idea y reivindicación de igualdad material, económica. Entiende que el igualitarismo es una idea política de significa poliédrico y plural. También vale como factor atenuante de divergencias de riqueza, pues permite la redistribución y de esa manera garantizar los derechos socioeconómicos[3]. Entiende el constitucionalista argentino la igualdad como un fin genuino del Estado. Y deja una idea para la reflexión: si mejora la situación de la mujer, también mejora la del hombre pues no estamos ante un juego de suma cero[4].

Por su parte, Carnota cree que el artículo 16 de la Constitución argentina comprende, ante todo, la igualdad ante la ley, pero la doctrina ha ampliado sus contornos hasta hacer de él la punta de lanza contra la discriminación de los grupos desfavorecidos. De hecho, la propia Constitución habría hecho algo similar en su art. 75.23, donde se da legitimidad constitucional a las acciones positivas para mejorar la vida de ancianos, mujeres, niños, y discapacitados. La necesaria igualdad real de oportunidades y de trato y el pleno goce de los derechos fundamentales son las razones que se ofrecen para defender aquella. El origen de estas medidas se sitúa por Carnota en la doctrina norteamericana de la *affirmative action*, creada para mejorar la vida de las personas negras[5].

En lo que hace a la postura de Lonigro, este entiende que cabe establecer diferencias de trato tanto por los poderes públicos como por los particulares siempre que tales diferencias no sean arbitrarias o discriminatorias. Para conseguir saber la respuesta a tan complejo dilema, Lonigro cree que deberíamos basarnos en la Convención para la eliminación de todas las formas de discriminación contra la mujer, de Naciones Unidas, norma internacional a la que la reforma constitucional argentina de 1994 le dio jerarquía constitucional, jerarquía que luego la Ley 23.592 aseguró mediante la regulación de medidas igualatorias de compensación. A pesar de todo ello (o precisamente por eso), el profesor Lonigro insiste en que es indispensable evaluar

3 *Vid.* CAO, C.; *Constitución socioeconómica y derechos fundamentales: estudio comparado entre los casos de España y Argentina*, Ediar, Buenos Aires, 2005. De similar opinión es MIDON, M.; *Manual de Derecho Constitucional argentino*, La Ley, Buenos Aires, 2017, 3.ª edición, p. 650, quien entiende que la Constitución social obliga a remover obstáculos, ya no basta la proclamación de la igualdad formal.

4 *Vid.* ALEGRE, M.; «Igualitarismo, democracia y activismo judicial». En VV. AA.; *Los derechos fundamentales*, Editores del Puerto, Ciudad Autónoma de Buenos Aires, 2003, p. 91 y ss.

5 *Vid.* CARNOTA, W.; *Instituciones de Derecho Público*, Thomson Reuters-La Ley, Buenos Aires, 2016, 2.ª edición, p. 108 y ss.

las circunstancias concretas que rodean al caso en cuestión, tarea que debe ejecutarse caso por caso[6].

El propio Bidart Campos terció en el debate para decir que la igualdad se desprende del derecho a la libertad de todos. Hace un matiz interesante e importante: la igualdad y el igualitarismo no son lo mismo, pues lo que implica la primera (el derecho a ser diferente) está muy lejos de implicar la radical tabula rasa que implica el segundo, más bien una ideología. Esto significa, a juicio del profesor Bidart, la remoción de los obstáculos para gozar igualmente de todos los derechos. Así es como comprende que debería interpretarse la dicción literal del artículo 75.23 de la Constitución argentina. La jurisprudencia de la Corte Suprema somete a las medidas adoptadas al albur de este al juicio de razonabilidad, esto es, el legislador tiene permitido crear y establecer diferencias, pero estas no pueden ser irrazonables, esto es, arbitrarias[7].

Una de las reflexiones doctrinales más estimulantes es la que ofrece el profesor Dalla Vía. Comienza por recordar la tensión existente entre la libertad y la igualdad. Y tiene sentido. Históricamente, la libertad se une inexorablemente al Estado liberal, mientras que la igualdad se cifra en el marco del Estado social. El primero bastaría con que respete la libertad de cada ciudadano, sin poner trabas a su despliegue. El segundo tiene que llevar a cabo ingentes tareas de intervención a todos los niveles para ni siquiera lograr una igualdad elemental, lo cual tiene sentido: los seres humanos ni fuimos, ni somos, ni seremos iguales.

Para el constitucionalista argentino, la igualdad absoluta es imposible de alcanzar «porque no responde al orden natural de las cosas» y porque la Constitución permite el desarrollo de las capacidades individuales de personas que traen de serie diferentes capacidades. Es por eso por lo que valora positivamente el hecho de que la igualdad que ha defendido la Corte Suprema en su jurisprudencia es la igualdad liberal, la igualdad ante la ley.

La igualdad real de oportunidades (así se llama, sintomáticamente) se introdujo en la reforma constitucional de 1994, aunque para dar cobertura a cuestiones de orden económico, sobre todo[8].

En lo que respecta a la visión de Sagüés, el jurista entiende que al igual que el derecho de propiedad, el derecho a la igualdad puede tener contenidos muy distintos según la ideología con la que se aplique. La interpretación original de la Corte Suprema de la Nación se paraba en el hecho de que

6 *Vid.* Lonigro, F.; *Derecho Constitucional*, Cathedra Jurídica, Ciudad Autónoma de Buenos Aires, 2020, 4.ª edición, p. 300 y ss.

7 *Vid.* Bidart Campos, G.; *Manual de la Constitución reformada*, Tomo I, Ediar, Buenos Aires, 2006, p. 529 y ss.

8 *Vid.* Dalla Vía, A.; *Manual de Derecho Constitucional*, Abeledo Perrot, Buenos Aires, 2011, 5.ª edición, p. 162 y ss.

la igualdad no es la nivelación absoluta, aspiración quimérica y contraria a la naturaleza humana, sino la igualdad relativa. Posteriormente, se produjeron algunos cambios en esta comprensión. La reforma constitucional de 1994 incorpora explícitamente la igualdad real de oportunidades a diversos ámbitos: los cargos electivos mediante acciones positivas, todo el territorio nacional, también en el ámbito educativo, de trato para mujeres, ancianos, niños y discapacitados. A partir de la introducción de tales elementos la jurisprudencia de dicha Corte ha orientado el asunto igualitario en torno a ciertos criterios. Por un lado, la flexibilidad y la igualdad cuando las circunstancias sean iguales. Por otro, el agravio debe venir de la ley, y solo es accionable ante los tribunales por quienes hayan sufrido el perjuicio, aunque la reforma constitucional del 94 también permite que lo hagan asociaciones constituidas a tal fin. Sagüés entiende que podría hablarse de *cuotas benignas* en educación, vivienda y empleo, en aras de reparar una situación de discriminación histórica[9].

En cuanto al pensamiento de Ferreyra, dirá este constitucionalista que la Constitución es un monumento literario que conviene ajustar a la realidad. De lo contrario nos encontraríamos ante una Constitución disparatada. El Preámbulo, sin ir más lejos, es una síntesis de la síntesis del programa constitucional para la vida pacífica en comunidad. Conviene no perder de vista que, a la hora de decidir sobre las controversias que se les plantean, los jueces constitucionales deben ser prudentes o, de lo contrario, serán poder constituyente en sesión permanente[10].

Al fin y al cabo, tal y como anota Nino, la igualdad puede ser vista desde múltiples planos, descriptivo, normativo o analítico, lo que no obsta para que estemos siempre en presencia de un concepto polémico, poliédrico y sometido a necesaria prudencia en su accionamiento y revisión periódica y pausada en su análisis[11].

Hay constitucionalistas más militantes en la idea igualitaria y en hacer de ella el núcleo gravitacional del sistema por completo. Tal sería el caso de Roberto Gargarella, a pesar de que en su formulación concreta dirá que la filosofía igualitarista lo que busca, en verdad, es garantizar tanto las libertades personales como las colectivas. Esta filosofía de la igualdad sería, para el constitucionalista argentino, un marchamo de legitimidad de una democracia rectamente entendida. Se basaría en los siguientes puntos[12].

---

9 Sagüés, N. P.; *Manual de Derecho Constitucional*, Astrea, Buenos Aires, 2012, 2.ª edición, p. 665 y ss.

10 Ferreyra, R. G.; *Malestar en el Estado. Ensayos contra la desigualdad*, Ediar, Buenos Aires, 2020, p. 433 y ss.

11 *Vid.* Nino, C. S.; *Fundamentos de Derecho Constitucional*, Astrea, Buenos Aires, 2017, 5.ª reimpresión (1.ª edición: 1992), p. 34 y ss.

12 Gargarella, R.; *Manifiesto por un Derecho de izquierda*, Siglo XXI Editores, Buenos Aires, 2023, p. 39.

En primer lugar, se aparta de la visión estalinista, que implicaba sacrificar las libertades individuales para maximizar la producción económica del colectivo. Esto, a juicio de Gargarella, es pedir un sacrificio inaceptable. En segundo lugar, tampoco se compadece con una visión capitalista en la medida en que esta promovería la acumulación económica sin límites en pocas manos. No cree el jurista que se produzca luego el «efecto spillover»: una minoría crea y se nutre de una mayoría que, al final, se ve beneficiada por lo generado. En tercer lugar, se manifiesta contrario a la igualdad de oportunidades o, como él mismo establece, la igualación en sus condiciones iniciales para dejar que luego cada uno llegue hasta donde pueda/quiera/sepa. El igualitarismo implica defender ciertos derechos para siempre y en cualquier circunstancia. En cuarto lugar, tampoco es una tesis que se compadezca respecto de la socialdemocracia porque dice resguardar ciertos derechos mientras permite la concentración económica en unos pocos y una desigualdad social extendida.

En resumen y en palabras de Gargarella: «para el igualitarismo (...) tampoco es justo que alguien reclame derechos especiales, beneficios o privilegios en nombre de otros hechos moralmente arbitrarios, tales como su talento, su belleza, su inteligencia o cualquier otra destreza o rasgo con el que nació dotado, así como tampoco sería justo que accediera a menores recompensas o premios, o sufriera desventajas sociales por carecer de tales características o habilidades personales»[13].

Otros autores han terciado en el debate recientemente, como Raúl Gustavo Ferreyra. Para el jurista gaucho la Constitución es un libro blanco de un pueblo. La argentina de 1853, por ejemplo, fue lo contrario, pues una jerarquía la impuso a modo de oligarquía reinante. Interpretando la actual, la que proviene de la reforma del noventa y cuatro, Ferreyra asevera que la igualdad en la libertad es la libertad jurídica de su artículo 19. No es una Constitución igualitaria pero sí liberal. De ahí que haga votos por contextualizar los juicios igualitarios que sucedan.

Resalta Ferreyra que el *Asunto María Isabel García*, decidido por la Corte Suprema de Justicia de la Nación en 2019, es una buena piedra de toque en lo que hace a la interpretación constitucional adecuada del postulado igualitario. La igualdad ante el Derecho exige tratar igual lo igual y diferente lo que resulta diferente. En el caso concreto, la protección especial del grupo «ancianos» implicaba que el artículo 75.23 de la Constitución argentina debe ser desarrollado legislativamente por el Parlamento. La decisión observó el voto particular del Ministro Rosenkratz.

Claro que existe un precedente si cabe más interesante: el *asunto Eugenia Díaz Vélez*, decidido por la Corte Suprema en 1928. Allí se dijo que el artículo

---

13 *Vid.* GARGARELLA, R.; *Manifiesto por un Derecho de izquierda*, Siglo XXI Editores, Buenos Aires, 2023, p. 42 y ss.

16 de la Constitución no implica la nivelación absoluta, aspiración quimérica y contraria a la naturaleza humana, sino su igualdad relativa. Es curioso constatar cómo se orillan algunos criterios tradicionales por otros presuntamente innovadores sin apenas solución de continuidad.

Interpreta que el ordenamiento constitucional argentino comprende tres tipos de igualdad. La primera es la igualdad ante la ley, que rige el artículo 16 desde 1853. La segunda es la igualdad de oportunidades, que rige desde el artículo 14 bis de la Constitución reformada en 1949 y en 1994. La tercera es la igualdad sustancial, que pretende igualar *por arriba* lo que proceda.

Tal y como remata Ferreyra, las doctrinas sobre la igualdad sustancial no son un sueño, pero la mayoría de las veces encarnan modelos fáciles de inspirar y prototipos difíciles de satisfacer[14].

Por su parte, Rosatti nos ilustra con una afirmación que es moneda corriente en la doctrina constitucionalista argentina, tal y como hemos visto anteriormente. Es esa que reza en el *sintagma igualdad no es igualitarismo*. Además, esto se entiende mejor si se conocen cuáles son las dos grandes fases. Una es el constitucionalismo liberal, donde la igualdad supone la abolición tanto de la esclavitud como de las discriminaciones nobiliarias y/o aristocráticas. La siguiente es constitucionalismo social y en él se demandan igualdades reales, sustantivas, efectivas, en torno a las condiciones materiales de vida, entre otras[15]. Bidart reitera que una sociedad es desigualitaria cuando la libertad real no está a disposición y al alcance de todos los seres humanos[16].

Recuérdese que Argentina está sometida a los tratados internacionales que ha suscrito y, en ese sentido, no conviene orillar que también lo que respecto al derecho a la igualdad y a la no discriminación. Tal y como Colautti apunta en este debate, la CEDAW tiene «jerarquía constitucional», mientras que Manili, desarrollando con amplitud y profundidad la cuestión en el marco del Derecho Procesal Constitucional e Interamericano, aboga por su aplicación en los casos que correspondan a la Argentina[17].

En ese sentido, desde la perspectiva constitucional-internacional, es interesante conocer el planteamiento y las conclusiones a las que llega el profesor Manili. Entiende que la igualdad debe encuadrarse en eso que se ha dado en llamar «derechos de los grupos vulnerables», siendo merecedores

14 *Vid.* Ferreyra, R. G.; *Malestar en el Estado. Ensayos contra la desigualdad*, EDIAR, Ciudad Autónoma de Buenos Aires, 2020, p. 35 y ss.

15 *Vid.* Rosatti, H.; *Tratado de Derecho Constitucional*, Tomo I, Rubinzal-Culzoni Editores, 2010, p. 167 y ss.

16 Colautti, C. E.; *Derechos humanos constitucionales*, Rubinzal, Buenos Aires, 1999, p. 37; y Bidart, G.; *Teoría General de los Derechos Humanos*, Astrea, Buenos Aires, 2006, p. 292.

17 *Vid.* Manili, P. L.; *Derecho procesal constitucional e interamericano*, Thomson Reuters-La Ley, Buenos Aires, 2023, p. 145 y ss.

estos de una mayor protección por la situación de desventaja que secularmente vienen sufriendo. La evolución del derecho a no ser discriminado dio lugar a que, sin ir más lejos, la Corte Interamericana dijo allá por 1984 que la noción de igualdad se desprende de la misma naturaleza del ser humano y es inseparable de la dignidad humana, frente a ello, es incompatible tanto considerar a un grupo superior y tratarlo mejor, como considerar, a la inversa, a un grupo inferior y tratarlo peor. Al ser sus derechos no solo individuales sino colectivos, no solo podrán ser reclamados en sede judicial por los particulares sino por los grupos a quienes representan o por miembros pertenecientes a estos en nombre de todos.

El jurista argentino trata la cuestión de las acciones positivas, recordando que su régimen se basa en tres notas ineludibles: son medidas temporales, por lo que deben ser reversibles; son medidas que igualan de facto, que no de iure, pues suponen dar un bien o servicio a algunas personas en detrimento de otras; y son medidas que corresponde adoptar a los poderes públicos, lo que significa que la exigencia de estas no puede recaer en el ámbito privado[18].

El balance que podría hacerse del reconocimiento constitucional de la igualdad en la Argentina es relativamente problemático. Si uno observa la cuestión en perspectiva histórica descubre que los principales representantes del constitucionalismo argentino cargaban las tintas en defensa de la libertad, auténtico valor inherente a la mejor tradicional constitucional. No había ni rastro de la igualdad, salvo para defender la «igual libertad y dignidad de todos los seres humanos»[19].

Según Marcelo Alegre, las tres principales objeciones a la teoría de la igualdad discurren por tres derroteros distintos pero interrelacionados. La primera estriba en el hecho de que se afirma que la igualdad iguala, sí, pero por abajo. Alegre cree que este no es el caso, en la medida en que también cabe igualar por arriba. La segunda reside en la constatación de que las libertades operarían como muro infranqueable e impermeable a la igualdad. Alegre cree que puede hablarse, más bien, de la igualdad en las libertades de todos. La tercera de ellas es que la igualdad la reclaman quienes tienen envidian de lo que otros consiguieron. Pero a Alegre tampoco se le antoja especialmente convincente este argumento, toda vez que habrá ocasiones en las que nadie envidie nada y reclame convencido la igualdad. Con sus palabras: teme a la igualdad quienes creen que es la caricatura construida por sus adversarios[20].

---

18 *Vid.* Manili, P. L.; *Manual de Derechos Humanos y Garantías*, Thomson Reuters-La Ley, Buenos Aires, 2022, 2.ª edición, p. 266 y ss.

19 Valga a título de ejemplo Bidart Campos, G. J.; *Los valores de la democracia argentina*, EUDEBA, Buenos Aires, 1981.

20 *Vid.* Alegre, M.; «¿Quién le teme a la igualdad?». En Alegre, M.; y Gargarella, R. (coords); *El Derecho a la Igualdad. Aportes para un constitucionalismo igualitario*, Abeledo Perrot, Buenos Aires, 2012, 2.ª edición, p. 75 y ss.

Andrés Rosetti plantea, en fin, una afirmación que obliga a pensar. El jurista argentino cree que la Constitución argentina no permite la igualdad de resultado, pero tampoco que, por omisión, se sigan produciendo discriminaciones intolerables. Saber en qué consisten estas y cuáles pueden ser solo cabe en un modelo de ensayo-error que se aleje de maximalismos, puerilidad y sed de revancha y venganza. Esto último lo dice el autor de estas páginas, no el profesor Rosetti[21].

Lo que hemos dicho anteriormente puede contrastarse con la doctrina constitucional española. A tal fin hemos seleccionado a un representante de fuste intelectual, académico y personal, como es el profesor Solozábal Echavarría. Para el jurista la problemática más interesante es interpretar correctamente la prohibición de discriminación que comprende el art. 14 CE. Ya no es limitar la acción de los poderes públicos sino mandatarles para que activen políticas que reduzcan la desigualdad.

Solozábal es de la opinión de que la igualdad corrige las desigualdades e injusticias que inevitablemente generan la libertad y la interacción de las libertades en la sociedad. Interpreta la igualdad como el reconocimiento de la igual dignidad de todos, valor arraigado desde la tradición ilustrada del constitucionalismo del momento. Tampoco hurta al debate que la religión ha sido fuente de discurso igualitario, pues todos somos hijos de Dios.

El constitucionalista español defiende que la libertad, por distintos motivos, conduce a la desigualdad, de ahí que sea más fácil reconocer la igualdad en el plano teórico que en el práctico. Pero el mandato constitucional de hacer real el Estado social hace que este ya no pueda permanecer impasible ante las injusticias desiguales. En esa tarea, la jurisprudencia constitucional cumple un papel fundamental para legitimar las medidas que tome el legislador en ese sentido[22].

Siguiendo a Anne Norton, considero que la única igualdad que podría servir es la igualdad política de todos los ciudadanos, principio fundacional de la democracia misma. La famosa cláusula norteamericana de que todos los hombres son creados iguales significa, precisamente, eso. Todo el mundo tiene una vida que vivir y, finalmente, una que morir. Cada persona goza de un valor incalculable, por eso decimos que cuando una persona se va, se va con ella todo un universo. Para Norton, la demanda de igualdad no puede separarse de la exigencia de que las personas sean libres para gobernarse a sí mismos como elijan. La libertad e independencia necesitan de la igualdad.

---

21 *Vid.* ROSETTI, A.; «La igualdad y la reforma constitucional de 1994 en Argentina: ¿cambios?». En ALEGRE, M.; Y GARGARELLA, R. (coords); *El Derecho a la Igualdad. Aportes para un constitucionalismo igualitario*, Abeledo Perrot, Buenos Aires, 2012, 2.ª edición, p. 75 y ss.

22 *Vid.* SOLOZÁBAL ECHAVARRÍA, J. J.; «La garantía de la igualdad». En GARCÍA GUERRERO, J. L.; *Los derechos fundamentales. La vida, la igualdad y los derechos de libertad*, Tirant lo blanch, Valencia, 2013, p. 86 y ss.

La propia Norton no solo analiza la igualdad sino también la desigualdad. Es de las que piensa que la desigualdad de riqueza implica una desigualdad de poder, que obstaculiza a los individuos en su tarea de autogobernarse. Es sabido que las personas con un alto poder adquisitivo se pueden comprar cosas: periódicos, televisiones, acceso a según qué fuentes y cargos, etc. Para Norton el problema estriba en que la pobreza, el ver a personas pidiendo y viviendo en la calle, debería inducirnos a reflexión porque no hay vida democrática cuando las personas se dividen en ricos y pobres, cuando la palabra, la acción y la justicia son comodidades que comprar. Una vida democrática, dice la politóloga, necesita de la igualdad[23].

4. Balance prospectivo

En las anteriores líneas han quedado claras algunas aseveraciones. Por un lado, la Constitución argentina, en su articulado redactado conforme a la última reforma de 1994, plasma el postulado igualitario e, incluso, reconoce la legitimidad constitucional de implementar, si así lo estiman los poderes constituidos, las acciones positivas pertinentes. Esto es, en palabras del Tribunal Constitucional español, la posibilidad de establecer un derecho desigual igualatorio que busque compensar las desventajas entre las personas necesitadas de ellas y las que no.

No obstante, se aprecia una contención y una prudencia doctrinal reseñable. Mientras que desde latitudes feministas por todos conocidos se suele abrazar este tipo de medidas sin cuestionarse ni su naturaleza ni sus potenciales efectos negativos, la comunidad de constitucionalistas argentinos demuestra que el principio de igualdad no puede ser sino, con carácter general, la adopción del clásico y liberal principio de igualdad ante la ley de todos los ciudadanos. Aunque a título de hipótesis se acepta la adopción de cuotas electorales o cupos sociales, lo cierto y verdad es que se muestran refractarios a hacerlo en la medida en que lesionaría la libertad y, muy probablemente, la no discriminación de personas que ninguna culpa tienen de las supuestas discriminaciones sufridas por terceros.

No cabe duda de que la sociedad argentina sufre, hoy en día, una serie de lastres que afectan a su convivencia diaria. Unos precios disparados, una inflación siempre creciente, una devaluación de su moneda nacional, una dependencia del turismo, en fin, circunstancias todas ellas que hacen la vida diaria un repecho diario que escalar. No parece que las acciones positivas puedan enmendar una realidad tan cruda y tan dura como las que derivan de lo anterior.

---

23 *Vid.* Norton, A.; *Wild democracy. Anarchy, courage and ruling the law*, Oxford University Press, New York, 2023, p. 183 y ss.

CAPÍTULO 5

EL ARTÍCULO 9.2 COMO ROMPECABEZAS JURÍDICO

En el presente capítulo vamos a abordar el principio igualitario desde la perspectiva de su relación con la libertad. O, dicho con otras palabras, de un artículo como el 9.2 de la Constitución española, un precepto que podríamos tachar de rompecabezas jurídico como pocos hay. Conjugar los dos valores es, quizá, el mayor reto que tienen ante sí las democracias constitucionales. Cabe anotar que una cosa es que el modelo contenga algunos errores y cosa bien diferente es que el modelo en sí mismo sea erróneo. Conviene recordarlo en los debates igualitarios, siempre tan inflamados de verborrea[24].

1. Breve introducción a la polémica

Antes de entrar en materia, es importante mostrar las cartas. La igualdad es uno de los grandes temas del Derecho Constitucional, para bien o para mal. Se presenta en casi todos los debates que uno pueda imaginar o vivir. Es necesario ser especialmente humilde y tolerante con uno mismo como para saber que, en el fondo, la cuestión igualitaria siempre resultará discutida y disputada. Al ser una relación (esto es igual/desigual a esto otro) habrá quien lo compare con una cosa, otros con otra y así sucesivamente.

No obstante, la idea principal que quiero transmitir obedece al intento de no convertir las páginas venideras en un panfleto político, ni en una misa o en una arenga. Es necesario, pues, situar al lector muy brevemente en el marco intelectual y académico en el que creo.

Quienes somos de letras no tenemos reglas claras para saber si lo que hacemos es o no es válido. No disponemos de un modo seguro, indisputado

24 *Vid.* SALECL, R.; *El placer de la transgresión*, Ediciones Godot, Buenos Aires, 2021, p. 90 y ss.

y compartido que ayude a distinguir entre quienes lo hacen bien y quienes lo hacemos menos bien. La diferencia entre los cien metros lisos y los juegos florales, que dice el profesor Ovejero. Por eso debemos extremar las cautelas y observar la obligación moral de tomarnos en serio. Eso implica juzgar como valioso y verdadero nuestro desempeño, que lo buscamos con limpieza y compromiso. El afán de verdad. Comprometerse en serio con las virtudes epistémicas: humildad, atender a los argumentos contrarios, circunspección, desapego por los beneficios materiales y por los afanes tribales. Atreverse a pensar, incluso contra todos y contra nosotros mismos[25].

Dicho en otros términos: no soy un intelectual, Dios nos libre, sino una persona con inquietudes intelectuales para entender el mundo que habitamos. No tengo un «compromiso con la sociedad» porque la empresa me supera con mucho. No soy la reserva moral de mi gremio, ni de mi Universidad, ni de nada de nada. No soy un ser angelical, aunque lucho a brazo partido por no ser uno diabólico. Como cualquier hijo de vecino, respondo a los incentivos positivos y negativos. Soy consciente de que la información que ofrezco no tiene manera de ser testada empíricamente, por lo que la calidad del producto es siempre cuestionable (trabajar mucho obliga a trabajar mal, Andrés Ollero dixit). Si, a pesar de mis esfuerzos, acabo dando gato por liebre, no me arruino. La Ley de Gresham: los argumentos de mala calidad expulsan a los de buena calidad. De tanto que he intentado aquilatar un currículo competitivo, según exigencias de Anecas y Anequitas, desconozco cómo de veraces o buenos son mis trabajos. Me temo lo peor.

Nuestra disciplina se adscribe a las ciencias sociales y a las humanidades, pero aquí no hay tribunales empíricos que permitan dilucidar al ganador. Faltan lo asideros, los medidores de calidad fiables. Los cien metros lisos son un procedimiento de justicia perfecta (Rawls): se aplican reglas que no dependen de los competidores y, conforme a las mismas, el primero es el mejor. ¿Cómo asegurar algo siquiera lejanamente parecido en el Derecho Constitucional? Al mejor decir de Ovejero, corresponde a la honestidad llegar donde no alcanza la institución[26].

Por lo demás, soy consciente de que he podido malinterpretar el lenguaje. Que tengo en mejor estima mis ideas que las de otros. Que la democracia es desacuerdo pero que el pacto constitucional no puede ser opinable en todos sus puntos. Que imagino el mundo entre las paredes de esta mi Universidad y que eso conlleva un riesgo elemental de abstracción cuando no de equivocación. Que valgo más en comparación con otros, un sesgo tan inaceptable como humano. Que el gran intelecto es la habilidad para ignorar el 99.99 % de lo que sucede y centrarse en lo importante de veras. Por eso es tan complicado poner por escrito el saber práctico (saber cómo) pero no el

---

25 *Vid.* Ovejero, F.; «Las pelotas de los intelectuales», *Letras Libres*, n.º 251, 2022, p. 57 y ss.

26 *Vid.* Ovejero, F.; «El precio de los intelectuales», *Revista de Libros*, 2004, n.º 89, p. 8.

saber teórico (saber qué). Que soy, atendiendo a la distinción hayekiana, más enredador que maestro de mi materia (el consuelo es que él mismo se situó también en dicho grupo). Que, como creo que mi trabajo es un lujo que me pagan mis conciudadanos, tengo que defender, desde el convencimiento, las ideas que se han demostrado geniales para nuestra convivencia: por eso creo que nuestra Constitución es de las mejores cosas que nos han pasado en la vida. Porque es puro conocimiento práctico, no tanto intelectual[27].

Si aprieto el acelerador en cuanto a la parte intelectual de mi trabajo, tengo miedo de caer en el adoctrinamiento, propio y ajeno. Como apuntó Revel, la enseñanza jamás ha sido neutral, esto es, nunca pone a disposición de los jóvenes la información y deja que la juzguen en libertad. Intento que el influjo inconsciente de mi ideología no me ciegue. No pretendo reescribir la Historia. No quiero ceder a la prédica militante. Llevo la contraria por definición en lo que estimo y admiro, en lo que anhelo para mí y para los demás, por más que venga de sitios a los que no iría si de mí dependiera. Los que viajamos en transporte público sabemos de lo que hablamos.

En fin. No quiero blasonar de intelectual, mucho menos hacer de mistagogo con amplitud de recursos conceptuales y verbales al servicio de fines espurios. Ser intelectual es tener más responsabilidades que derechos, al menos una responsabilidad tan grande a la altura de la libertad de expresión que se enarbola[28].

2. Redacción literal y relación igualitaria

Como es bien sabido, el artículo 9.2 CE dice así: «corresponde a los poderes públicos promover las condiciones para que la libertad y la igualdad del individuo y de los grupos en que se integra sean reales y efectivas; remover los obstáculos que impidan o dificulten su plenitud y facilitar la participación de todos los ciudadanos en la vida política, económica, cultural y social».

El precepto no está aislado en su vocación. Mientras que respecto del principio igualitario tenemos artículos como el 1.1 CE, el 14 CE o el 149.1.1.ª CE, entre otros, respecto del principio liberal observamos todos y cada uno de los derechos fundamentales contemplados en la Constitución (y en la Carta UE y el CEDH). Junto a ambos polos, tenemos artículos que operarían a modo de bisagra entre ambos, como por ejemplo el artículo 10 CE, donde se proclama la dignidad humana y el libre desarrollo de la personalidad, amén de situar en el respeto y ejercicio pacífico de los derechos fundamentales el orden y la paz sociales.

---

27 Tomo la idea de Davies, W.; *Estados nerviosos. Cómo las emociones se han adueñado del mundo*, Sexto Piso, Madrid, 2020, 2.ª edición, p. 245 y ss.

28 *Vid.* Revel, J-F.; *El conocimiento inútil*, Página Indómita, Barcelona, 2022, p. 383 y ss.

El desarrollo legislativo de la igualdad es abundante. La ley contra la violencia de género de 2004, la ley de igualdad entre hombre y mujer de 2007 y la ley antidiscriminatoria de 2022, amén de otras que inciden en ella, tales como la de libertad sexual, la de convivencia universitaria, o incluso la LOSU. Respecto de la segunda, en los últimos tiempos quizá la más relevante sea la conocida como la ley mordaza, convalidada con una agria polémica en sede constitucional. Por lo demás, existen normas que afectan tanto al postulado igualitario como al postulado liberal, como la ley del aborto o la ley de la eutanasia.

3. Breves pinceladas sobre Derecho Comparado, historia constitucional y proceso constituyente

Abordaremos ahora de manera sucinta lo que debe decirse respecto del Derecho comparado, nuestra historia constitucional, así como sobre el proceso constituyente.

Primera pincelada: en Derecho Comparado la principal influencia fue el artículo 3.2 de la Constitución italiana. También encontramos preceptos parecidos en la LFB, sin ir más lejos, así como en diversas Constituciones latinoamericanas. Pero el nuestro ha sido calificado por ciertos sectores doctrinales de «radicalmente original», aunque vean algo parecido en el Preámbulo de la Constitución francesa de 1946 y en ciertos preceptos de la Constitución portuguesa[29].

Segunda pincelada: en nuestra historia constitucional no existe un precepto parecido, aunque la Constitución de 1931 tenía artículos como el 46, el 47 y el 48. Incluso los artículos 5, 22, 24, 27, 28, 29 y 31 del Fuero de los Españoles, de 1945, podían hacer las veces de antecedente remoto.

Tercera pincelada: en el proceso constituyente el artículo fue debatido sin especiales polémicas. El profesor Lucas Verdú ya dijo que la fuerza potencial de este precepto era más prometedora que la del propio art. 14 CE[30].

Su origen debe cifrarse en la propuesta del PSOE en la constituyente española del 78, defendido con ardor por Peces Barba. Se inspiraron en el 3.2 italiano, mayormente, aunque entre nosotros existen voces que defienden la diferencia palmaria de redacción[31]. Tiene estrecha relación con los arts. 1

29 Font Oporto, P.; «El artículo 9.2 CE, entre el valor igualdad y el estado social. Estudio histórico y sistemático», *Revista General de Derecho Constitucional*, n.° 16, p. 14.

30 *Vid.* Lucas Verdú, P.; «El valor constitucional de la igualdad y la condición femenina», *Revista de Política Comparada*, n.° 7, 1981-1982, p. 46. Y Alonso García, E.; «El principio de igualdad del artículo 14 de la Constitución Española», *Revista de Administración Pública*, n.° 100-102, 1983, p. 79 y ss.

31 Por ejemplo, Fernández López, M.ª F.; «La igualdad real». En VV. AA.; *Comentarios a la Constitución Española*, BOE, Madrid, 2018, Tomo I, p. 164 y ss.

y 14 CE, con los derechos sociales consagrados en la Constitución (olvidan que son principios rectores, no derechos en sí) y con el título relativo a la Economía y la Hacienda. Se pasaría, así, del Estado liberal de Derecho al Estado social de Derecho, abriendo la puerta a todo tipo de intervención social capitidisminuyendo el componente liberal de mercado.

No podemos olvidar que el desarrollo del precepto no es solo estatal. También corresponde a las Comunidades Autónomas. Quien estudió en alguna medida esta cuestión a principios del siglo XXI ya apuntaba a un desarrollo de todo menos homogéneo y no pocas veces de todo menos pacífico[32].

Suárez Pertierra advirtió, ya en 1984, que el artículo 9.2 CE vendría a ser un elemento corrector del artículo 14 CE. También como concreción del apartado «social» del Estado democrático de derecho, comprendido en el artículo 1.1 CE. El jurista resalta que este tipo de preceptos tiene raigambre marxista y socialista. Reivindicaciones siempre aparejadas en las democracias al aspecto social, en forma de prestaciones, derechos y servicios públicos. Suárez Pertierra entendía que, al ser tan general, la norma corría el riesgo de resultar inaplicada. Sería una suerte de patrimonio de libertad garantizado por todos.

A su juicio, el 9.2 encuentra dificultades insalvables para ser aducido ante los tribunales como un derecho de igualdad sustancial, extremo que anotó Prieto Sanchís. El precepto depende más de la predeterminación política que de la labor judicial. Es, al fin y al cabo, un precepto programático que funciona como criterio interpretador[33].

Garrido Falla, en sus famosos comentarios a la Constitución, indagaba en la línea más pesimista de interpretación. Entendía que el artículo 9.2 CE tenía una eficacia jurídica más que discutible, repleto de términos vagos e imprecisos (¿qué es promover, remover o facilitar?). Su operatividad práctica era, entendía el profesor Garrido Falla, muy escasa[34].

Andrés Ollero considera que la igualdad es, ante todo, un valor superior que puede modificar unos puntos de partida manifiestamente mejorables. Si se dosifica adecuadamente, este proporciona justicia. El precepto fue acogido con recelo y afán de monopolio, desde posturas encontradas. Para el filósofo del derecho, la inequívoca matriz italiana de la norma, el desempeño de una magistratura italiana fuertemente politizada y la «efímera moda» del uso alternativo del derecho contribuyeron a ello, sin olvidar el consenso constitucional[35].

---

32 *Vid.* SARMIENTO MÉNDEZ, X. A.; «El artículo 9.2 de la Constitución: su desarrollo estatal y autonómico», *Anuario de la Facultad de Derecho de Orense*, Orense, 2002, pp. 469-478.

33 SUÁREZ PERTIERRA, G.; «Artículo 14. Igualdad ante la ley». En ALZAGA VILLAAMIL, Ó. (dir); *Comentarios a la Constitución Española, Revista de Derecho Público*, 1984, Tomo II, p. 289 y ss.

34 GARRIDO FALLA, F.; *Comentarios a la Constitución española*, Civitas, Madrid, 2001 (3.ª edición), p. 165 y ss.

35 *Vid.* OLLERO TASSARA, A.; «Relevancia constitucional de la igualdad», en VV. AA.; *Funciones y fines del derecho: estudios en homenaje al profesor Mariano Hurtado Bautista*, Universi-

4. Interpretación del Tribunal Constitucional

En su STC 22/1981/FJ3 el TC sentó las bases: el derecho a la igualdad no exige dar tratamiento legal igual abstrayéndose de cualquier diferencia de relevancia jurídica. Por dicha razón, no toda desigualdad normativa lesiona el derecho del art. 14 CE, sino las que diferencien entre situaciones consideradas iguales sin justificación objetiva y razonable, siendo además necesario que se sometan al juicio de proporcionalidad. Como es bien sabido, este test implica que la medida persiga un fin constitucional, que los medios se adecúen a los fines y que no existen medidas menos gravosas conducentes al mismo resultado[36].

En la STC 81/82/FJ3 se dice que el precepto no tiene por qué suponer que se prive a unos para dar a otros. No privar a la mujer de conquistas sociales sino dárselas también al hombre (era ATS y realizaba el mismo trabajo, pero peor remunerado que el de sus colegas femeninas). Para igualar ambos vale el art. 9.2 CE. El Tribunal añade, en el FJ1, que la razonabilidad de la diferencia se enjuiciará por el propio TC y será aún más rigurosa si el factor diferencial es alguno de los expresamente vedados en el artículo 14 CE, como el sexo. Estas ideas se reiteraron en la STC 98/1983 para amparar a los hombres recurrentes en amparo y declarar que se les discriminó.

Cinco años después, dicto la STC 128/1987, primera resolución que reconoce la legitimidad constitucional de las acciones positivas. No obstante, también se dice en ella que la protección de la mujer, por sí sola, no vale para justificar una diferencia de trato de tal calibre (FJ 3). En cambio, en la STC 166/1988 se declara que la igualdad constitucional no es solo formal, sino que a la luz de preceptos como el art. 1.1 CE y el art. 9.2 CE, es base suficiente que legitima diferenciar en base al sexo (FJ 2).

En la STC 19/1989 se recuerda que se debe cobrar la misma pensión de jubilación por parte del varón y de la mujer (FJ 1) para añadir después que la histórica discriminación que ha sufrido la mujer puede intentar revertirse con medidas de trato más favorable para ellas, especialmente en el ámbito laboral (FJ 4).

La STC 68/1989 reitera que se debe comprobar si la diferencia de trato goza de justificación objetiva y razonable. Como se ve, ya en los primeros juicios igualitarios se estilaba realizar un examen en profundidad de medidas con base en el sexo, categoría sospechosa.

dad de Murcia, Murcia, 1992, p. 543 y ss.

36 *Vid.* Roca Trías, E.; y Ahumada Ruiz, M.ª; «Los principios de razonabilidad y proporcionalidad en la jurisprudencia constitucional española», *XV Conferencia Trilateral Italia, España, y Portugal*, 24-27 de octubre de 2013, Roma, p. 15 y ss. En línea: https://www.tribunalconstitucional.es/es/trilateral/documentosreuniones/37/ponencia%20espa%C3%91a%20 2013.pdf. Último acceso: 8/10/2023.

Las SSTC 120/1990 y 137/1990 dicen literalmente que el artículo 9.2 CE refleja la dimensión social del Estado de Derecho e impone determinados cometidos a sus poderes, pero no reconoce derecho subjetivo alguno que sea susceptible de protección de amparo (FJ 4).

En la STC 210/1990, el Juez constitucional dirá que alegar el artículo 9.2 CE no vale para limitar una función reguladora del Estado que encuentra fundamento autónomo en el artículo 40.2 CE (FJ2). No obstante, reequilibrar las desiguales situaciones entre trabajadores y empresarios «aparece exigido por el propio principio de igualdad material» (FJ 2).

En la STC 38/1991 se acepta la diferencia del legislador entre matrimonio y convivencia matrimonial y establecer en consecuencia, diferentes pensiones. En la STC 216/1991 declara que la mujer puede concurrir a un puesto en las Fuerzas Armadas sin atisbo discriminatorio. La STC 28/1992 dice que el artículo 14 CE debe interpretarse a la luz del artículo 9.2 CE, lo que significa que el trato favorable para suavizar o compensar la desigualdad sustancial que vive la mujer es constitucional (FJ 3).

En la STC 229/1992/FJ2/ el TC enuncia la famosa expresión «derecho desigual igualatorio» para declarar válidas las medidas basadas en el artículo 9.2 CE en aras de reequilibrar situaciones discriminatorias preexistentes. Pero él mismo parece enmendarse la plana —o emplea como sinónimos conceptos que no lo son— cuando dice que dichas disposiciones remueven obstáculos en aras de garantizar la «igualdad de oportunidades» (¿entonces no de resultados?).

La STC 269/1994/FJ4 declara que la reserva de puestos para personas discapacitadas se adecua a la Constitución, pues se encuentra conectado con los objetivos que establece el artículo 9.2 CE.

En la STC 16/1995/FJ3 arguye que el artículo 9.2 CE permite tener en cuenta «las situaciones de inferioridad de la mujer» y su «desigual punto de partida» en aras de adoptar las medidas oportunas para superar ambos fenómenos.

En la STC 137/2000/FJ1 se dice que no basta con la mera alegación de haber sido discriminado, sino que hay que aportar pruebas. También importante es la STC 203/2000/FJ7, cuando proclama que la igualdad que garantiza la Constitución es la igualdad ante la ley.

La STC 27/2004 arguye que la justicia y la igualdad en el marco salarial son valores amparados por el artículo 9.2 CE. Un año después, la STC 212/2005/FJ3 dice que las becas hacen realidad el modelo del Estado social y democrático de Derecho, asegurando la igualdad de los individuos, así como la dignidad y el libre desarrollo de la personalidad (STC 236/2007/FJ8).

En la STC 214/2006/FJ9 se contienen dos afirmaciones relevantes. Por un lado, el TC establece que el INEM también debe cumplir el mandato del artículo 9.2 CE, pues es un poder público a los efectos, y garantizar, así, el derecho de acceso al empleo de mujeres de baja por maternidad. Por otro, señala que las empresas también están vinculadas al principio de no discriminación.

En el controvertido caso de la pensión de viudedad de la mujer romaní, la STC 69/2007/FJ4 reseñó que la Constitución no contempla la discriminación por indiferenciación porque la igualdad no consagra un derecho a la desigualdad de trato. Cuestión distinta sería, añade, que los poderes públicos, en cumplimiento del artículo 9.2 CE, adopten medidas de trato diferenciado de ciertos colectivos para conseguir fines constitucionalmente lícitos.

La STC 247/2007/FJ13 pareciera limitar el alcance del artículo 9.2 CE, pues dice el Tribunal Constitucional que no basta con invocarlo por parte de una comunidad autónoma, sino que debe tener título competencial suficiente. Por ejemplo, solo si goza de competencia exclusiva para regular las aguas podrá hacerlo. Es más, el TC afirma que si las CCAA desarrollan con diferente alcance sus competencias no atenta contra el 9.2.

Tanto la STC 12/2008, como la STC 13/2009, así como la STC 40/2011, manejan generosamente la igualdad material en el ámbito político, validando las cuotas electorales en favor de la mujer.

Por su parte, la STC 62/2008 establece que atender a las personas en situación de desventaja laboral por enfermedad o similar es tarea de los poderes públicos ex artículo 9.2 CE.

También aquí dejamos anotadas las que tienen que ver con la llamada violencia de género: SSTC 59/2008, 45/2009 y 41/2010 y que se basan, entre otros, en los valores del 9.2 CE.

La STC 26/2011/FJ4 afirma que la prohibición de discriminación comprende adoptar medidas para asegurar la igualdad efectiva de trato y oportunidades de la mujer y el hombre, por lo que las medidas legales que tratan de compensar las desventajas reales laborales no son opuestas al principio de igualdad sino, al contrario, eliminan situaciones de discriminación existentes, para hacer realidad la efectividad en el disfrute de los derechos exigida por el artículo 9.2 CE.

La STC 198/2012, convalida el matrimonio homosexual y recuerda la posibilidad, siempre abierta e insidiosa, de que en ocasiones se produzca la «desigualdad por exceso de igualdad». Por lo demás, el TC entiende que extender el matrimonio entre personas del mismo sexo cabe en el artículo 9.2 CE.

La STC 151/2014/FJ2 señala que el objetor de conciencia debe colaborar a la hora de crear el registro correspondiente si quiere que su derecho sea efectivo y facilitar la tarea de los poderes públicos, en base al artículo 9.2 CE. Dicho con otras palabras, esta es una de las pocas resoluciones que aplica el parámetro libertad del precepto.

En los votos particulares a la STC 134/2017, firmados por Valdés, Xiol, Conde-Pumpido y Balaguer se reitera un principio ya clásico: el Estado social y democrático de Derecho informa disposiciones como el artículo 9.2 CE.

La STC 68/2018/FJ4 recuerda que la educación es el cauce para la libertad real y efectiva del 9.2. No obstante, si las leyes educativas no se basan en el 9.2, tal cosa no las convierte en espurias o inconstitucionales. Parecido criterio se sentó en las SSTC 67/2018, 66/2018, en jurisprudencia cuyo origen se sitúa en las SSTC 14/2018 y 31/2018, así como en la STC 53/2018.

En la STC 74/2018, Xiol asevera en su voto particular que el Derecho antidiscriminatorio no mide la calidad democrática, sino que forma parte de la democracia misma. Algo similar expone Balaguer en su voto particular a la STC 32/2019, respecto de los principios rectores de la política social y económica. La juez cree que estos tienen un «impacto innegable» en la igualdad real de las personas y grupos en los que se integran; lo que es tanto como decir en el 9.2 CE.

En la STC 51/2019/FJ3 el Tribunal Constitucional reitera que el derecho a la educación es un derecho de libertad, por lo que los poderes públicos deben promover las condiciones para que esa libertad sea real y efectiva.

La STC 91/2019/FJ4 profundiza en lo anterior y dirá que el artículo 14 CE contiene un verdadero derecho fundamental que, en un Estado social y democrático de derecho, se convierte en exigencia material por mor del artículo 9.2 CE.

La STC 87/2020/FJ2 argumenta que las acciones positivas son pertinentes para remover dificultades en la plenitud de los derechos fundamentales.

El voto particular de Balaguer a la STC 172/2020 dice que gozar de seguridad ciudadana es disfrutar en condiciones de igualdad los derechos reconocidos en la Constitución, en virtud del 9.2. Otro tanto puede decirse de la STC 133/2021/FJ3, donde se blande el precepto para sostener la participación de todos en la vida política; o la STC 161/2021/FJ3, donde resalta que el 9.2 opera como base para proteger a las personas con discapacidad.

En la STC 4/2022, la magistrada Montalbán arguye que las becas y las ayudas de la universidad pública persiguen dar cumplimiento al artículo 9.2 CE. Otro tanto dijo en su voto a la STC 1/2022, basado en las SSTC 191/2020 y 6/2021. La juez insiste en que la perspectiva de género —nótese: ya no la igualdad— tiene cabida en el artículo 9.2 CE; así lo dijo en su voto a la STC 66/2022[37].

En la STC 8/2023 encontramos que el acceso a una vivienda digna entronca en el artículo 9.2 CE. En la STC 44/2023, la del aborto, el TC dice que la protección reforzada de los derechos de las mujeres entra dentro del 9.2. En su

---

37 El TC no vio lesión de derechos fundamentales en la orden judicial que obligó a una mujer a ingresar forzosamente en un hospital para dar a luz, sin darle trámite de audiencia. *Vid.* Matia Portilla, F. J.; «¿Puede un órgano judicial acordar el ingreso hospitalario de una mujer embarazada sin oír a la afectada y al margen de sus competencias legales? (STC 66/2022, de 22 de junio)», *Revista Española de Derecho Constitucional*, n.º 128, 2023, pp. 239-268.

FJ10 dice que la CE plasma la voluntad del constituyente de establecer una igualdad real, amén de conectar con el libre desarrollo de la personalidad y con la cláusula del Estado social y democrático de Derecho.

En la STC 34/2023 y en la STC 49/2023, el TC asevera que la libre configuración del legislador permite que se establezcan ayudas a centros que no segreguen por sexo. El artículo 9.2 CE justificaría tal extremo.

Desde la perspectiva de la jurisprudencia constitucional, podríamos decir varias cosas.

La primera: suele usarse no tanto para la libertad como para la igualdad. La segunda: se emplea para optimizar el mandato del artículo 14 CE, por lo que, salvo contadas ocasiones, no se ha utiliza en abstracto ni en solitario. Ello tiene sentido si se repara en el hecho de que el 9.2 comprende un mandato de optimización mientras que el 14 contiene un derecho fundamental (aunque sumamente complejo y poliédrico). La tercera: al ser un mandato optimizador abierto, estamos ante un precepto poliédrico, tratando desde el empleo (retribuciones, permisos, puestos, acceso y permanencia) hasta la política (cuotas electorales en favor de la mujer) pasando el matrimonio entre personas homosexuales, la violencia entre hombres y mujeres, así como la objeción de conciencia, la protección reforzada de las minorías, la vivienda o la asistencia letrada gratuita[38]. Y tiene sentido a nada que se piense, pues el 9.2 CE es, potencialmente, un ariete contra casi cualquier barrera. Pero no todas: digamos desde ya que el Tribunal Supremo de EE. UU. ha tumbado la discriminación positiva racial y étnica en las admisiones a las universidades, en una sentencia de 2023, finiquitando décadas de esta política, en el *asunto Students for Fair Admissions. c. Harvard*. Ojalá hayan acertado.

Respecto a la jurisprudencia europea, recordemos que la jurisprudencia sentada en 1995 por el TJUE en el caso Kalanke ya decía que no podía establecerse una promoción indiscriminada sin permitir el examen objetivo de los méritos de los candidatos, como ratificó dos años después en el caso Marschall y así ha sido hasta la fecha.

El TEDH no ha establecido una jurisprudencia «muy avanzada» sobre el derecho a la igualdad, al mejor decir de la profesora Carmona. Se ha cimentado sobre todo en la igualdad de género y, a ese respecto, recordemos que Estrasburgo en el asunto *Konstantin Markin c. Rusia*, de 22/3/2012 (§ 127) dijo que avanzar en la igualdad de género es hoy una meta principal de los Estados miembros del Consejo de Europa y el Convenio solo acepta razones de mucho peso para justificar un trato diferente. Concretamente, la tradición, las creencias generales o las actitudes sociales prevalentes en un país son insuficientes para justificar un trato diferenciado por razón de sexo.

38 *Vid.* VV. AA.; «Artículo 9», *Libro CEC*, 1988, p. 29 y ss.

La segunda la enunció en el caso Staatkundig Gereformeerde Partij (Partido Político Reformado) c. Países Bajos, Decisión de inadmisión de 10/7/2012: el Convenio solo reconoce la democracia como modelo permitido y compatible con él. La igualdad entre sexos no permite dar preeminencia al hombre sobre la mujer, aunque se base en profundas convicciones religiosas (§§ 49 y ss).

5. Interpretación doctrinal

Desde el punto de vista doctrinal, lo primero que llama la atención es que este artículo no tiene «su» o «sus» monografías. No obstante, algunos esfuerzos doctrinales arrojan luz sobre la cosa.

La profesora Carmona Cuenca señala que el precepto es un mandato para hacer buenas las previsiones del Estado social y, en general, aplicar la igualdad y la no discriminación[39].

Rodríguez Coarasa cree que es un precepto que compromete la acción de los poderes públicos, a fin de que pueda alcanzarse la igualdad sustancial entre los individuos, con independencia de su situación social. Entiende que es un precepto sometido a múltiples interpretaciones, por lo que interpretarlo de forma aislada roza lo «temerario». El precepto puede imponer la adopción de normas especiales que tiendan a corregir los efectos dispares que, en orden al disfrute de bienes garantizados por la Constitución, se sigan de la aplicación de disposiciones generales en una sociedad cuyas desigualdades radicales han sido negativamente valoradas por la propia Norma Fundamental.

El artículo 9.2 modula el artículo 14 en el sentido, por ejemplo, de que no podrá reputarse de discriminatoria y constitucionalmente prohibida la acción de favorecimiento temporal que los poderes públicos emprenden en beneficio de determinados colectivos, históricamente marginados, a fin de compensar su desigualdad[40].

Por su parte, Martínez Pujalte privilegia la faceta prestacional de la norma, concretada en dos grandes exigencias. La primera se dirige al legislador, para que arbitre la protección de los derechos fundamentales frente a eventuales quiebres. La segunda, consecuente con la anterior, sería impedir la limitación o incluso la ruptura de cualesquiera derechos fundamentales por acuerdos entre particulares. La faceta prestacional que encierran todos los derechos fundamentales en realidad se vería materializada gracias al mandato de optimización del 9.2.

39 *Vid.* Carmona Cuenca, E.; «El principio de igualdad material en la jurisprudencia del Tribunal Constitucional», *Revista de Estudios Políticos*, n.º 84, 1994, p. 267 y ss.

40 *Vid.* Rodríguez Coarasa, C.; «Artículo 9.2», *Congreso de los Diputados*, Madrid, 2003. En línea: https://app.congreso.es/consti/constitucion/indice/sinopsis/sinopsis.jsp?art=9&tipo=2. Último acceso: 1/12/2023.

Tendríamos prestaciones constitucionales de dar y de hacer. Las de dar exigen políticas de carácter económico. Las de hacer comprenden actuaciones *a priori* imposibles de conocer pero que facilitan el disfrute de los derechos fundamentales (por ejemplo, la obligación, ex art. 2.3 de la Ley Orgánica de Libertad Religiosa, de asistir a quienes estén ingresados en un hospital para que puedan profesar el culto). Martínez Pujalte cree que el 9.2 ofrece reconocimiento constitucional a la intervención estatal en su más amplio sentido, con el consiguiente peligro de la expansión sin límite del poder público[41].

6. Propuesta interpretativa del precepto

¿Qué significa el precepto? El riesgo de que sea mal empleado por el poder, que bajo la añagaza de perseguir la igualdad y garantizar la libertad podría lesionar o destruir otros bienes y valores constitucionales en juego.

El 9.2 habla de «los poderes públicos». ¿Todos los poderes públicos? Parece que no. Por ejemplo, en la triada clásica, podrían emplear —y así lo hacen— este precepto el Ejecutivo y el Legislativo, pero no el Judicial. Por varias razones. Primera: los jueces están sometidos al imperio de la ley y, por ello, deben aplicarla, no crearla. Segunda: en nuestro modelo jurídico seguimos —o seguíamos— una concepción no militante de la judicatura: el juez se limita a pronunciar las palabras de la ley. Continental law- vs Civil -law. Tercera: deben estar a la litis del proceso, no inventar de la nada en sus sentencias; o, en el peor de los casos, acudir a criterios interpretativos tasados, de consuno con la filosofía jurídica del sistema imperante, so pena de caer en el uso alternativo del Derecho, práctica que creíamos erradicada desde hace lustros pero que resurge hoy a la luz de las reivindicaciones posmodernas identitarias (que buscan el reconocimiento de la diferencia, no la igualdad).

Desde el punto de vista analítico caben varias opciones. La primera sería la igualdad liberal. La segunda sería la libertad igualitaria. La tercera implicaría separarlas: promover la igualdad y promover la libertad. Reconozcamos que el precepto se presta a dislates y destrozos varios que nunca se reconocen por quienes los promueven. Los poderes públicos siempre van a encontrar motivos para vender que actúan en aras de que la igualdad y la libertad sean reales y efectivas para personas y grupos.

El aspecto sensible de esta cuestión es que tal cosa es de todo punto opinable, pues no puede someterse a tasación empírica. Preguntemos con toda modestia y educación: ¿acaso han servido de veras para algo las cuotas electorales en favor de la mujer? ¿Han operado un cambio en usos y costumbres, en medidas y leyes, en preguntas parlamentarias o en Comisiones de

41 *Vid*. Martínez Pujalte, A. L.; «El art. 9.2 CE y su significación en el sistema constitucional de derechos fundamentales», *Revista de las Cortes Generales*, n.° 40, 1997, pp. 111-127.

investigación? Si respondemos honestamente, me temo que dicha respuesta debería precavernos al lanzar las campanas al vuelo.

Justo es reconocer, además, que tal extremo casa mal con los orígenes del mejor constitucionalismo: la garantía de los derechos individuales. En no pocas ocasiones, buscar decididamente la igualdad corre el riesgo de dañar derechos de terceros. A lo peor es lo que sucede con la presunción de inocencia de quien es acusado de «violencia de género».

El constitucionalismo busca preservar una esfera de libertad para las personas, lejos del influjo del poder. La garantía de los derechos individuales es, precisamente, el intento de garantizar un haz de facultades a las personas, para que puedan perseguir sus proyectos de vida arrostrando interferencias (haberlas haylas). El constitucionalismo entiende que el poder es el peligro, no el hacedor de nuestra libertad. La persona es el centro de su universo[42]. Sea como fuere, la igualdad, por el contrario, sigue un esquema mucho más estatista, de poder, top-down: hay que estar imponiéndola constantemente porque quienes lo hacen saben, lo confiesen o no, que lo que nos caracteriza son las diferencias. Nos tratamos mucho mejor entre nosotros que cuando dejamos que sea el poder quien decida tales tratos.

A ello le deberíamos añadir que la doctrina más fervorosa suele interpretar de forma aislada el precepto. Craso error. El art. 9.2 está limitado por arriba (principio de constitucionalidad: sometimiento de todos los poderes públicos a la Constitución); y por abajo (responsabilidad de los poderes públicos, seguridad jurídica, irretroactividad con carácter general). El Estado debe cumplirlos y hacerlos cumplir.

Un defensor a ultranza del Estado social podría emplearlo cual estilete, pero el profesor Fernández-Miranda ya nos recordó que sin financiación y sin voluntad política, las reivindicaciones aparejadas al Estado social quedarán en promesas vacuas[43].

En otras palabras: se debe manejar son suma prudencia el 9.2 pues es un producto altamente inflamable. Es sintomático que el TC argumente lo que se puede hacer con el precepto, pero nunca lo que NO se debería hacer desde el punto de vista constitucional. Quizá lo más parecido sea lo que dijo la STC 6/1981, como obiter dicta, cuando afirma que el 9.2 no impone la obligación de dar fondos públicos a determinados medios de comunicación o crear o mantener un medio de comunicación con ellos.

---

42 En contra se manifiesta Vermeule, pues aboga por el constitucionalismo del bien común, cuyo objetivo es promover el buen gobierno, no proteger la libertad como un fin en sí mismo. La ley sería la aplicación de principios de Derecho Natural preexistentes, escritos en los corazones de los hombres y por ello accesibles para todos. *Vid.* VERMEULE, A.; *Common Good Constitutionalism*, Polity Press, New York, 2022.

43 *Vid.* FERNÁNDEZ-MIRANDA, A.; «El Estado social», *Revista Española de Derecho Constitucional*, n.° 69, 2003, pp. 139-180.

No puede interpretarse aisladamente. Solo cabe su interpretación sistemática, teniendo en cuenta los bienes y valores que entran en juego. Manejarlo con prudencia. Estar al caso concreto. Isaiah Berlin lo dijo así: «la igualdad es un valor entre muchos: el grado en que es compatible con otros fines depende de la situación concreta, y no puede deducirse de ningún tipo de leyes generales; no es ni más ni menos racional que cualquier otro principio»[44].

No se alcanza a comprender qué es de verdad que la igualdad y la libertad sean «reales y efectivas». Se podría dilucidar qué implica en el caso concreto. Aun así, el potencial destructivo de la norma queda fuera de toda duda. Como decía Oakeshott, lo mejor que puede hacer un gobierno es no hacer nada, limitarse a arbitrar los conflictos que sucedan entre particulares, aplicando la ley vigente.

Otro aspecto del precepto es el de promover las condiciones y remover los obstáculos. El primero es activo, pues exige que se hagan cosas. El segundo es más bien reactivo, porque se trata de quitar las barreras que puedan existir. Tanto en un caso como en el otro, esto exige dispensar una ingente cantidad de recursos humanos, materiales y de todo orden que, en el peor de los casos, no es eficaz ni eficiente. Quienes promueven estas medidas se suelen quedar en la parte del lanzamiento, pero son refractarios a evaluar si de veras surten efecto.

Un ejemplo palmario: la ley de violencia de género. Se adopta una ley con una batería de medidas incisivas, policiales, judiciales, etc. Conforme los propios datos oficiales, la violencia de género no ha bajado. No es mucho decir que quizá haya que revisar las medidas adoptadas a su albur. La furibunda respuesta que suele darse es...reforzar las medidas que se han demostrado inválidas para resolver el problema. Así es difícil ir a ningún sitio. Y piénsese en el coste humano que implica la cerrazón mental. La ideología desaforada y el dogmatismo y sectarismo más crudos y desnudos.

Recordemos el deber jurídico de neutralidad que debe guardar el Estado en cuestiones sobre ideología o creencias: no puede tener religión oficial. El problema ha venido, justamente, cuando desde instituciones estatales se han abrazado ideologías y han querido hacer de ellas el ariete político con el que «promover condiciones y remover obstáculos». Por más que se empeñen, no cabe blandir el 9.2 CE para censurar la actividad periodística o para obligar a alguien a profesar unas determinadas políticas, o para inmiscuirse en la vida privada de nadie.

Una justificación constitucional de la norma son los principios rectores de la política social y económica. Resuenan ecos de cierto marxismo residual y a nadie extraña leer una defensa cerrada de la igualdad material, de la intervención en la economía para «garantizar» el derecho social de turno. No obstante, al quedar configurados como derechos de prestación legal, los

---

44 *Vid.* Berlin, I.; *Sobre la libertad y la igualdad*, Página Indómita, Barcelona, 2022, p. 117.

poderes públicos pueden inactuar sin mácula jurídica. Pero vivimos tiempos inflacionarios, también en derechos fundamentales, donde se viene a declarar casi a voluntad y apetencia del declarante un nuevo derecho aquí o una mutación de otro allá. Siguiendo a Pablo de Lora, es tiempo de los derechos en broma[45].

Creo que el mejor constitucionalismo es el que pone la libertad en el centro. Es bueno ser originalista si con eso defiendo la libertad. Es bueno agradecer y conservar lo que otros crearon. Es bueno defender el Estado liberal de Derecho porque nos permite caminar erguidos, con garantías elementales para nuestra convivencia pacífica. Por lo demás, la mejor cura de humildad es saber que, esté donde esté, miro alrededor y no veo absolutamente nada que yo haya construido, reparado o levantado. Lo reitero: nada. Desde Grecia y Roma no hemos creado nuevas ideas. Por eso quienes valoran la originalidad en sí misma suelen caer en el ridículo más espantoso. Por eso un urinario pudo ser considerado arte, en concreto el fundador del *ready-made* y el pistoletazo de salida del arte posmoderno. Por no mencionar la paradoja que encierra la palabra: originalidad es crear algo nuevo...apelando etimológicamente al inicio de todas las cosas. Ser original sería no serlo en absoluto y viceversa. Lo dicho: desde Grecia y Roma, hemos reciclado, en el mejor de los casos.

No es que no crea en la igualdad: es que creo que, si se reconocen y garantizan los derechos fundamentales a todas las personas, tales interacciones producirán cierta igualdad elemental. A partir de ahí que cada uno construya lo que buenamente pueda, quiera, o sepa. Todo lo que no sea eso acarrea el peligro de ser despótico y de someternos al poder desmedido y voraz del demagogo de turno.

Los adalides de la igualdad nunca reparan en que, a diferencia de la libertad, tienen que estar constantemente imponiéndola. Vienen a corregir fallos, sí, pero pareciera que de la humanidad al completo. Por eso necesitan un presente cuasi apocalíptico, para justificar las medidas que, inmediatamente después del diagnóstico, traerán bajo el brazo. Para justificar, en suma, sus cargos, legitimarse a sí mismos, y dar carta de naturaleza a unas medidas que, por más que se vendan como «necesarias», nunca se someten a una evaluación realista y rigurosa, vaya a ser que el resultado no guste a los próceres igualitarios. Ya se sabe: la mejor forma de no saber es no preguntar.

He intentado leer lo que dijeron otros antes que nosotros, buscando guía, cobijo y, por qué no decirlo, consuelo intelectual. Desconozco si lo logré.

Bobbio decía que la igualdad es fundamentalmente indeterminación: ¿igualdad entre quiénes?, ¿igualdad en qué? Para Bobbio igualdad es justicia. Respecto de la igualdad sustancial, el italiano cree que es asunto «muy controvertido». ¿Qué bienes? ¿Solo los materiales? ¿Por qué no también

45 De Lora, P.; *Los derechos en broma*. Deusto, Barcelona, 2023.

los espirituales o intelectuales? ¿Cómo elegir qué necesidades merecen ser satisfechas? ¿Por qué nada resuelve el «a cada uno según sus necesidades»?

Describe cuatro sistemas posibles. La igualdad de todos en todo. Igualdad de todos en una cosa. Igualdad entre algunos en todo. E igualdad entre algunos en una cosa. Y dirá: el ideal límite del igualitarismo se reconoce en la primera respuesta: igualdad de todos en todo. Sentencia Bobbio: «Pero, precisamente, se trata de un ideal-límite prácticamente inalcanzable. Todo lo más se puede volver a definir el igualitarismo como la tendencia a la consecución de este ideal por sucesivas aproximaciones».

Todos somos iguales en alguna cosa, parece ser la fórmula elegida. ¿En qué? En la titularidad de los derechos fundamentales. Igualmente libres. Una igualdad muy primigenia y quizá más teórica que práctica, porque una de las libertades reconocidas es la de poseer y acumular bienes económicos a título individual[46].

Ya Tocqueville dijo que la igualdad implica el deseo de juzgarlo todo por uno mismo, inclinándole a lo tangible y positivo y haciéndole sentir desprecio por tradiciones y formalismos. La igualdad, según el autor francés, sugiere al espíritu humano muchas ideas que no hubiera adoptado sin ella y cambia casi todas las que ya tenía[47]. Las personas de su época sentían un amor más ardiente y tenaz por la igualdad que por la libertad.

Cree que la fórmula perfecta sería que nadie se diferencie: los hombres serán libres por ser iguales y serán iguales porque son libres. Este es el ideal de los pueblos democráticos. Tocqueville viene a decir algo que resuena todavía hoy: el amor por la libertad y el amor por la igualdad con cosas distintas.

La libertad ha existido en diversos sistemas y épocas. No se encuentra solo en democracias. En cambio, la igualdad es la piedra angular de la democracia. La pasión que agita a los humanos en esa época es la igualitaria. Creen que debe durar para siempre. Para Tocqueville la igualdad genera rédito a corto plazo mientras que la libertad es a largo plazo. La libertad política procura placeres a algunos ciudadanos, pero la igualdad proporciona multitud de pequeños goces cotidianos a cada hombre. La pasión que engendra la igualdad es enérgica y general. Disfrutar de libertad exige a renunciar a algo.

Tocqueville cree que ciertos pueblos democráticos llevan al delirio la pasión igualitaria, pues les da igual todo lo demás. Tan es así que en los pueblos europeos la igualdad aparece antes que la libertad. Era un hecho firme que había generados costumbres y leyes propias y que precedió a la libertad. Tocqueville viene a decir que la libertad nos encanta, pero la igualdad nos apasiona. Invencible y eternamente. Quieren tanto la igualdad que aceptan

46 *Vid.* Bobbio, N.; *Igualdad y Libertad*, Paidós, Barcelona, 1993, p. 56 y ss.

47 *Vid.* Tocqueville, A.; *La democracia en América*, vol. 2, Alianza, Madrid, 2017, 3.ª edición, p. 34 y ss.

tenerla, aunque sea sin libertad y en esclavitud. Soportarán la miseria y el oprobio con tal de que no que haya unos por encima de otros[48].

Montaigne decía que un hombre debe ser juzgado por la capacidad del alma y las cualidades internas. Así visto, éramos muy iguales y muy desiguales a la vez. Poseer muchos bienes está rodeando al hombre, no en él. No cabe valoración con envoltorio o empaquetado. Esconde las cualidades que sirven para valorarle y muestra las superficiales. La altura de las suelas o el pedestal no forman parte de la persona ni de la estatua. Gozar nos hace felices, no tanto poseer. Cada cual forja su fortuna con su comportamiento y a eso deberíamos estar[49].

En un análisis reciente, Ben Ansell, politólogo en Oxford, detecta que, a pesar de que la igualdad genera consenso global, significa distintas cosas para cada persona. Defiende que, desde el punto de vista económico, la desigualdad no ha dejado de crecer en las democracias occidentales. Esa es la trampa de la igualdad: la igualdad de derechos no conduce a la igualdad de resultados. Antes, al contrario, defiende que son «mutuamente excluyentes». Al suceder esto, la polarización aumenta y, con ella, las preferencias políticas de ricos y pobres: a los unos les parece deleznable una mayor redistribución y a los otros, todo lo contrario, pues apuestan por tales políticas como remedio para salir de su situación.

Ben Ansell cree que la política y las instituciones deben ser un contrapeso frente a la acumulación capitalista. Se debe optar por la regulación y restringir nuestros derechos económicos, con un sistema fiscal sólido y transparente y repensar medidas como las bajas por maternidad y paternidad[50].

Para Dewey, la igualdad forma parte inescindible del credo democrático. Pero es una igualdad para que cada individuo desarrolle sus capacidades a través de la igualdad de oportunidades. Cuanta más desigualdad anide entre los seres humanos, más necesidad de perseguirla jurídicamente[51].

¿Es la igualdad el reconocimiento de la diferencia? Luigi Ferrajoli propone hasta cuatro esquemas. La indiferencia jurídica ante las diferencias. La diferenciación jurídica de las diferencias, jerarquizando entre ellas. La homologación jurídica de las diferencias, y la valoración jurídica de las diferencias. Este

48 *Vid.* Tocqueville, A.; *La democracia en América*, vol. 2, Alianza, Madrid, 2017, 3.ª edición, p. 135 y ss.

49 Montaigne, M.; *Los ensayos (según la edición de 1595 de Marie de Gournay)*, Acantilado, Barcelona, 2007, p. 378 y ss.

50 Ansell, B.; *Por qué fracasa la política. Las cinco fallas de nuestro sistema político y cómo evitarlas*, Península, Barcelona, 2023, p. 78 y ss.

51 *Vid.* Abernethy, G. L., *The idea of equality. An anthology*, John Know Press, Richmond, 1959, p. 254.

último se basa en los derechos fundamentales —políticos, civiles, de libertad y sociales— y en un sistema de garantías efectivo[52].

Ferrajoli cree que la igualdad como norma proviene de dos extremos que confluyen: la necesaria tutela de las diferencias (las identidades personales son valor a proteger); y atacar las diferentes condiciones materiales de vida (son un desvalor a combatir)[53]. Aunque ya Burke advirtió que nivelar arrasando las diferencias es justo lo contrario a la igualdad.

7. El factor ideológico

Otro vector de análisis es la ideología. Se considera que la igualdad es fruto de la izquierda y que la libertad lo es de la derecha. Tal simplismo no resiste argumento. Todos sabemos que eso de izquierda-derecha vino del parlamento francés y de la situación física de los grupos jacobinos y girondinos en la Cámara.

Tampoco aclara mucho que los primeros se llamen progresistas y los otros conservadores: solo cabe el progreso sobre la base de lo conservado, por lo que un progresista es un conservador tuneado. Progresar, por lo demás, no siempre es avanzar en línea recta. Demasiados autores llevan tiempo denunciando la deriva irracional de los primeros, pervirtiendo los ideales más potentes de su tradición.

Así, por ejemplo, Félix Ovejero arguye que nos mentimos para salvarnos. De ahí que cuando uno se entrega a una religión no te apeas con la primera duda, sobre todo si tiene costes personales. La identidad admite grados, la ciudadanía no. La identidad es una superstición compartida. Además, recuérdese que la política de la identidad es la ingeniosa idea de que la mejor manera de combatir el racismo, el sexismo y la homofobia es juzgar a la persona por su raza, su sexo y por su orientación sexual. El empeño de sustituir la igualdad por la diferencia lleva a sublimar las diferencias en lugar de barrerlas hacia lo común. También dice, literalmente, que «una de las grandes conquistas de la izquierda es que la derecha no invoque ni la tradición ni la religión sino la libertad y la igualdad»[54].

Lo importante es resolver problemas, no crearlos. ¿Qué problemas resuelve el igualitarismo de hoy día? La virtud está en la práctica, no en invocar teorías

---

52 *Vid.* Ferrajoli, L.; *Derechos y garantías. La ley del más débil*, Trotta, Madrid, 2004, pp. 73-96.

53 *Vid.* Ferrajoli, L.; «La igualdad y sus garantías», en Ruiz Miguel, A.; y Macía Morillo, A. (eds.); *Desafíos de la igualdad, desafíos a la igualdad*. Anuario de la Facultad de Derecho de la Universidad Autónoma de Madrid, n.º 13, 2009, pp. 311-325.

54 Valdeón, J.; *La razón en marcha. Conversaciones con Félix Ovejero*, Alianza, Madrid, 2023, *passim*.

y decálogos de principios. Hay que rebelarse ante esta especie de adolescencia moral que no resiste la más mínima exposición a la vida. Estar a la altura de la vida en los dilemas que nos surgen no se puede enseñar sino practicar.

La obra de todos, la responsabilidad de uno.

8. Igualdad y movimiento *woke*

Ahora toca poner en perspectiva lo que se ha dicho con uno de los movimientos que dicen defender la igualdad: el llamado movimiento *woke*. En su literalidad significa «despertar» o «concienciarse». ¿Ante qué? Ante las injusticias estructurales y sistémicas (el lenguaje también es suyo) de un modelo capitalista voraz, explotador, racista, sexista, homófobo, tránsfobo y la etiqueta que se quiera siempre que acabe en «fobia». Pertenecer al movimiento es permanecer en guardia, prestos a luchar todas las batallas en favor de inmigrantes, personas negras, discapacitados, mujeres, transexuales, etc, etc, etc. La trinchera suele ser Internet, aunque cuando traspasan sus muros, el daño es real a personas reales[55].

El movimiento, ya lo habrán adivinado, proviene de EE. UU. pero no de cualquier parte, sino de cierta academia norteamericana en torno a las cátedras sentadas por autores posmodernos como Foucault, Derridá, Deleuze, Guattari, Lacan, Butler y compañía. ¿Su visión? Denunciar las injusticias de las democracias liberales, quienes bajo un manto de economía de mercado, igualdad formal y derechos fundamentales enmascaran opresiones por doquier en contra de los más desfavorecidos, sean estos quienes sean.

Este movimiento se prevale de tácticas, estrategias y técnicas del más variado pelaje, pero con un nexo, siempre violento: intentar evitar que el mensaje del antagonista pueda ser dicho, mediante censuras, cancelaciones y denegaciones de púlpito; y si lo ha dicho, entonces la turba *woke* intentará que pague por sus pecados, en forma de linchamientos mediáticos, persecuciones en redes sociales y, si se tercia, la pérdida del empleo o acabar sentado en el banquillo de los acusados. Furibundia, tiroteo indiscriminado, sobreexposición mediática, y toneladas de odio, esas son las características del movimiento cuando «imparte justicia».

Hasta eso se arrogan, en un ejemplo que ni en mil vidas un testimonio como el de Douglas Hyde pudo soñar, cuando señalaba la principal virtud de la militancia comunista que tan bien conocía desde dentro: la creencia de estar luchando por la causa por antonomasia que cambiaría el mundo para siempre (y a mejor, según sus ideales, cosa que la práctica ha demostrado tan

55 Estudia pormenorizadamente la cuestión Rubio, E.; *Religión woke. El despertar del supremacismo identitario*, Almuzara, Córdoba, 2023.

falso como destructivo)[56]. El compromiso innegociable, férreo, a prueba de bombas, ante todo. La defensa del identitarismo exacerbado es su vocación.

Esto podría parecer exagerado o improcedente, pero en España, como en el resto de occidente, conviene mirar lo que pasa en EE. UU. porque, antes o después, llega aquí. No es casual que buena parte de las redes sociales donde estos mensajes han proliferado sean gigantes tecnológicos de raigambre estadounidense ampliamente utilizados por las sociedades occidentales. Tampoco lo es que se hayan escrito obras desde diferentes ciencias sociales que señalan la gravedad del problema, de autores fundamentalmente norteamericanos (J. Haidt, Jordan Peterson, Gad Saad, Nassim Nicholas Taleb, Bret Weinstein, Mathieu Bock-Côté, Douglas Murray, Umut Özkirimli) a los que se unen diversos autores españoles o latinoamericanos (Pablo de Lora, Darío Villanueva, Félix Ovejero, Enrique Rubio, Daniel Bernabé, Agustín Laje, Áxel Kaiser, Juan Soto Ivars, Alberto Olmos, Víctor Lenore, Carmen Domingo).

Respecto a las políticas identitarias, Francis Fukuyama ha alertado sobre los efectos nocivos que provocan en las sociedades demoliberales[57].

Destaca la importancia de los grupos que se consideran maltratados por el Estado y se encuentran unidos por motivos étnicos, religiosos, nacionales, de orientación sexual, o de género; ese grupo que revindica una dignidad propia y específica, tributaria de la exigida en torno a mayo del 68. Autoestima grupal y ciertas dosis de resentimiento suelen ser sus ingredientes. Apenas comparten experiencias comunes con otros seres humanos, salvo los de su grupo. El multiculturalismo es el concepto estrella.

El primer problema de la política identitaria es que pretende sustituir la reflexión seria sobre cómo revertir las desigualdades en nuestras democracias. Sucede al final que creemos que las «mujeres de Silicon Valley» o las «mujeres de Hollywood», tienen los mismos problemas que las mujeres corrientes.

El segundo problema es que sus defensores no prestan atención a grupos más numerosos y más antiguos, ignorando sus problemas y hasta mofándose de ellos (esa clase obrera rural norteamericana que tan bien ha explicado el escritor Jim Goad).

Un tercer problema es que la libertad de expresión se ve amenazada (y, en general, el tipo de discurso racional que necesita la democracia). Eso de las «experiencias vividas» privilegia las emociones antes que las razones.

Cuarto problema: las políticas de identidad de izquierda generan su correlato en la derecha y la corrección política de unos se transforma en inco-

56 *Vid.* HYDE, D.; *Compromiso y liderazgo*, HazteOír, Madrid, 2014.

57 *Vid.* FUKUYAMA, F.; *La demanda de dignidad y las políticas de resentimiento*, Deusto, Barcelona, 2019; y *El liberalismo y sus desencantados. Cómo defender y salvaguardar nuestras democracias liberales*, Deusto, Barcelona, 2022.

rrección política de otros (y viceversa). Descubrir constantemente nuevas identidades modifica los límites de lo que se considera aceptable. Además, las formas extremas de corrección política suelen provenir de grupos relativamente pequeños de escritores, artistas, estudiantes e intelectuales de izquierda. Así es como personas como Trump parecen tener bula y gozar de amplia aceptación; llega porque se muestra «tal cual es». O como se dice hoy en día: «sin filtros». O sea, las derechas también crean sus identidades, que no casualmente son todas aquellas que la izquierda ignora, combate o menosprecia.

Quinto problema: proteger las identidades grupales amenaza la comunicación entre personas. Fukuyama explicita el miedo que le genera una identidad nacional que se despeñe por el talud de la intolerancia, la agresividad y el iliberalismo.

¿Qué propone Francis Fukuyama? Asumir que las políticas identitarias son un dilema para nuestra democracia liberal: no se puede alimentar una política identitaria sin retroalimentar otra de signo de contrario. Habría que integrar grupos pequeños en grupos grandes y alejarnos del populismo para formar parte de la comunidad política y no olvidar que al igual que el cambio tecnológico promueve valores democráticos también hace lo contrario. El principal peligro que observa es una suerte de «fragmentación social descontrolada» facilitada por Internet. Las identidades no vienen predeterminadas, por lo que cabe margen de acción para la integración.

CAPÍTULO 6

LA IGUALDAD DE GÉNERO DESDE LA PERSPECTIVA CONSTITUCIONAL

En este capítulo vamos a exponer dos cuestiones estrechamente entrelazadas. Por un lado, reflexionaremos en torno a una premisa igualmente provocativa y atinada: la igualdad en general y la de género no existe. Por otro lado, traeremos una decisión reciente del Tribunal Supremo de los EEUU donde anula la cuota racial para entrar en universidades prestigiosas. En el primer apartado ofreceremos una visión propia, por equivocada o desenfocada que se juzgue. En el segundo, nos limitaremos a exponer lo que dijo el alto tribunal en su sentencia, con atención a los votos particulares de la minoría de jueces discrepantes.

1. La igualdad de género no existe

Tengo para mí que la igualdad no existe. La igualdad de género que se proclama a los cuatro vientos, mucho menos. Los seres humanos nos caracterizamos por lo que nos diferencia. Por eso «necesitamos» la igualdad: porque no viene con nosotros de serie. Si viniera con nosotros de serie, ¿acaso necesitaríamos emplearla?

El profesor Bastos Boubeta da en el clavo cuando dice, con toda la razón y no menos humor, que la igualdad es un concepto matemático que, cuando se quiere trasladar a las Ciencias Sociales, produce serios quebraderos de cabeza. Porque es imposible. No solo indeseable. Imposible de todo punto. Y ese es uno de sus principales problemas: que es tan imposible que un programa político que desee establecerla solo podrá hacerlo mediante una salvaje imposición que destruirá por el camino el resto de bienes y valores en juego, como la libertad, la presunción de inocencia o la auténtica justicia (¿?), por mencionar tres. Querer trasladar una noción económico-matemática (dos más dos igual a cuatro) a las sociedades humanas trae esos dolores.

Es sabido que nuestra Constitución tiene cuatro preceptos básicos sobre la igualdad. En primer lugar, el artículo 1.1, donde establece que es un valor superior, junto a la libertad, la justicia y —atención— el pluralismo político. En segundo lugar, se establece como obligación para que los poderes públicos la hagan «real y efectiva», junto a la libertad, respecto de personas y grupos en los que se integra. Un auténtico rompehielos como no se maneje con prudencia, este artículo. En tercer lugar, el artículo 14, donde la declara como derecho fundamental. Repetimos: se declara la igualdad como derecho fundamental, aunque si leemos bien el precepto lo que este declara como derecho fundamental es la igualdad ante la ley, matiz que cambia por completo las ansias revolucionarias que despierta en algunas. Finalmente, se establece en el artículo 149, en aras de garantizar una mínima igualdad de todos los españoles en el ejercicio de sus derechos y en el cumplimiento de sus deberes. Eso como competencia exclusiva del Estado. Traducido: da igual en qué territorio de España vivas, español de a pie, porque el Estado se encargará de exista una igualdad mínima entre todos. No se rían muy alto, por favor.

Un dato curioso que resulta de leer los anteriores preceptos es que, huelga decirlo, ninguno de ellos habla —ni por asomo— del «género». Y es muy extraño que no lo haga dado que las tesis que aducían que el patriarcado ya subyugaba a tirias y troyanas sitúa el patriarcado en siglos antes. ¿Cómo es posible que el constituyente español omitiera tan lacerante realidad (ejem, ejem)? ¿Cómo es posible que TODOS los constituyentes de TODO OCCIDENTE después de la II Guerra Mundial, cuando hicieron sus Constituciones, hicieran lo propio? El contubernio machirulo, ya se sabe.

Ya que algunas gustan de citar estos artículos, recuérdese (segundo dato curioso), que se olvidan de que forman parte de un cuerpo más grande que ellos mismos, la propia Constitución, y que esta regula otros bienes y derechos, no solo los «igualitarios», también merecedores de protección. Recuérdese la dignidad humana, el libre desarrollo de la personalidad, el derecho a la vida y a la integridad física y psíquica, la libertad de pensamiento, ideológica, y religiosa, el corolario de la libertad de expresión y, en fin, la presunción de inocencia. Una vez más: esto no son conquistas hetero patriarcales, lo son de la civilización. Allá cada cual si no lo ve.

En los últimos tiempos, estos preceptos igualitarios han dado lugar a toda una panoplia de medidas sedicentemente preocupadas por la equidad de género, la perspectiva de género, la igualdad de género, la deconstrucción del cisheteropatriarcado... (ya paro), refrendadas en otras tantas ocurrencias —¡perdón!— leyes. En 2004 se promulga la ley contra la violencia de género. Se convalidó en sede constitucional por un Tribunal Constitucional cuyos magistrados discrepantes emitieron votos particulares bastante más convincentes que la argumentación de la mayoría. Dicho en corto: destruía la presunción de inocencia, la seguridad jurídica y, así, la garantía del Estado de Derecho, todos ellos reconocidos como derechos fundamentales y valores constitucionales de primer orden.

Llegó luego la Ley de Igualdad de 2007, cuyo principio de composición equilibrada fue declarado constitucional también por el TC. Hablamos de las cuotas electorales a favor de las mujeres, pero no de cualquier mujer sino de las que ya estaban en la pomada política: ¿han visto ustedes a una mujer gitana llegar al Parlamento gracias a la cuota? ¿O a una mujer migrante? ¿O a una limpiadora? ¿O a una taxista? Ya paro, prometido.

A partir de ahí, la euforia de género (¿o era la disforia?) no ha abandonado la pulsión del legislador socialista-podemista. Contemos: ley 15/2022, ley 3/2022, la ley orgánica del sistema universitario de 2023, La ley Trans de 2022, la infausta Ley del «solo sí es sí», y el intento de aprobar una nueva Ley de Paridad que finalmente no cuajó por la celebración de las elecciones generales en julio del 2023.

La jurisprudencia constitucional ha ido conformando un canon antidiscriminatorio basado en algunas ideas clásicas (la Constitución prohíbe la discriminación directa e indirecta) y empieza a despuntar alguno adicional (la discriminación por indiferenciación, que es tratar igual lo diferente y viceversa). Barrunto que oiremos hablar en sede constitucional de la discriminación interseccional. Ha sido blandida en algún voto particular y, cuando eso pasa, no falta mucho para que comience a aparecer en la argumentación constitucional, bien como obiter dicta, bien como ratio decidendi.

Así puede verse en el voto particular discrepante del magistrado Xiol Ríos a la STC 1/2021. En esta resolución se le niega a la demandante de amparo en vía administrativa y judicial el reconocimiento de pensión de viudedad formulado a la muerte de su pareja, con quien había convivido los últimos quince años. Pese a que ambos habían celebrado matrimonio conforme al rito gitano y habían convivido desde ese momento, nunca inscribieron su unión ni se registraron tampoco como pareja de hecho.

El amparo se desestima al no apreciarse que la denegación de la pensión de viudedad incurra en discriminación. No concurre discriminación directa porque la exigencia de que el vínculo matrimonial o de análoga relación de afectividad entre causante y solicitante de la pensión de viudedad se acredite por alguna de las formas legalmente reconocidas, no constituye trato peyorativo alguno. Tampoco existe discriminación indirecta, pues no se advierte un perjuicio reflejo, mediato o indirecto, que revele que las disposiciones controvertidas produzcan particulares efectos desfavorables para los miembros de la etnia gitana en relación con otros colectivos que opten por la no formalización de su vínculo.

La sentencia maneja la sentencia del Tribunal Europeo de Derechos Humanos dictada en el *asunto Muñoz Díaz c. España*, de 8 de diciembre de 2009, para decir que las circunstancias son diferentes y, por ende, no aplica la doctrina convencional. La litigante no aportó elementos objetivos sobre los que fundar la convicción de validez de su matrimonio ni trató de formalizar su convivencia matrimonial.

En su jurisprudencia más reciente hay espacio para diferentes criterios.

Por un lado, tendríamos la exigencia de que para alegar una discriminación se debe aportar el término de comparación respecto del cual se entiende que el trato recibido es peyorativo. La igualdad no existe en el vacío. El TC emplea este criterio clásico en juicios de igualdad desde hace décadas. Así sucedió en el primer caso que hubo de decidir sobre la imposición forzosa de la vacuna del COVID-19, ventilado mediante la STC 38/2023, de 20 de abril.

El recurrente en amparo negó la autorización para que se administrara a su madre, de 86 años y de la que ostenta la condición de tutor, la vacuna contra la Covid-19 en la residencia de ancianos en la que vivía. En aplicación del protocolo sanitario de prevención de la transmisión del virus referido, la afectada fue aislada y el Ministerio Fiscal solicitó y obtuvo autorización judicial para la aplicación forzosa de la vacuna. El litigante, en lo que aquí interesa, alega, entre otras lesiones, quiebra del artículo 14 CE, por trato discriminatorio. La sentencia constitucional, unánime, entiende que no se vulnerado el derecho a la igualdad porque no se aporta el término de comparación, siempre necesario en estos casos y por ello se desestima el recurso.

Por otro lado, tendríamos el intento de dar cabida a nuevas exigencias dentro del juicio igualitario, como por ejemplo la pretendida carta de naturaleza de la perspectiva de género. Así sucedió en la STC 34/2023, de 18 de abril. La Ley Celaá, nueva norma educativa para la enseñanza secundaria impone que se eduque en valores tales como la igualdad de género y que se aplique en todas las fases educativas la perspectiva de género.

El recurso de inconstitucionalidad que planteó VOX aducía que tal extremo atentaría contra el artículo 16 CE y el artículo 27.3 CE porque se vulnera la neutralidad ideológica del Estado y lesiona el derecho de los padres a educar a sus hijos en los valores y convicciones que estimen pertinentes. El TC cree que no. Tanto el Abogado del Estado como el Gobierno de la Nación elaboran un argumento que el juez constitucional no enmienda: tales valores integran una ética de mínimos que todo ciudadano debe conocer mientras que los valores religiosos integran una ética de máximos, que solo deben conocer y seguir quienes así lo deseen.

Añade el TC que, atendiendo a los artículos 10.1 CE y 27.2 CE, la medida tampoco deviene inconstitucional. La mentada perspectiva de género se refiere a administraciones y centros educativos, no a alumnos (¿?). La medida es coherente no solo con la Ley 15/2022, sino también con los artículos 9.2 CE y 14 CE. Además, la igualdad de género se refiere a las diferentes etapas educativas, no siendo materia o área sujeta a evaluación; por ello no cabe hablar de una imposición ideológica al alumnado (FJ 7).

Sea como fuere, se observa que términos como «feminista» cobran un creciente protagonismo en la jurisprudencia constitucional. Así se puede observar en la STC 66/2022, en la STC 106/2022 y en la STC 11/2023. Incluso en algún voto particular que la magistrada Balaguer Callejón evacúa frente a estas se habla de «interpretación constitucional con perspectiva feminista». Suponemos que tal cosa se anclará en el artículo 3.1 CC, pero mucho nos tememos que se está produciendo un uso alternativo del Derecho, guiado por la ideología y no por la razón jurídica, deudora de aquel fantasma llamado teoría crítica del Derecho.

Llegados hasta aquí es momento de sintetizar algunas conclusiones resultantes de lo que hemos dicho.

La primera de ellas es que la igualdad per se y sin más genera más problemas que soluciones en el ámbito jurídico: deja sin responder los interrogantes más acuciantes: ¿qué igualdad? ¿Cómo la igualdad? ¿Quién la determina? ¿Respecto a qué o quién?

La segunda tiene que ver con la igualdad entre hombres y mujeres, pues esta padece similar patología. Nadie sabe muy bien qué es, cuestión que de ser dilucidable lo sería si se consensúa como política de mínimos y no de máximos. En otras palabras: que a todos se nos aplique igual la ley, no que la ley introduzca discriminaciones en positivo, cosa diametralmente opuesta. Si la igualdad entre mujeres y hombres es lo primero, no parece muy complicado de lograr. Si es lo segundo, debemos prepararnos para recoger los restos del naufragio y comenzar a reconstruir el sistema constitucional. Si es que así lo estimamos.

La tercera: para evitar desmanes y tropelías «igualitarias» no caben doctrinas y teorías generales en las que encajar —si hace falta, a martillazos— la realidad. Solo cabe acudir al caso concreto, conocer qué bienes y valores entran en juicio y adoptar una solución sobre cómo tutelarlos. Todo lo que no sea eso a buen seguro esconderá o disfrazará un trato privilegiado sin justificación aparente. O será ejemplo de esa pura retórica que Lapuente llama *chamánica*: las grandes palabras pronunciadas por los chamanes esconden intereses de enardecimiento pernicioso de las masas mientras que los exploradores incrementalistas intentan estar a los hechos concretos y resolver el problema (no crear añadidos). En suma, la igualdad es inasible como teoría general, de ahí que casi todos los tribunales constitucionales acaben empleando el juicio de proporcionalidad e idoneidad en sus enjuiciamientos; no son la panacea, ni mucho menos infalibles, pero algo acotan el problema.

La cuarta es corolario de la anterior. Y es que será mediante la práctica cuando podamos ir nutriéndonos de hechos y datos para establecer, siquiera como hipótesis, una idea indiciaria de por dónde discurre el problema. La realidad demuestra que algunas personas están en la creencia de que primero procede la etiqueta gruesa y luego se aplica a las cosas que estiman oportuno. El problema de un planteamiento como este es que no queda nada de pie. Si el «heteropatriarcado capitalista» es el mal —un mal invisible, indemostrable, imperceptible pero destructivo— todo está contaminado por ese mal. Por eso estas ideologías del género —vale también para lo *queer*, lo trans, lo posmoderno, en definitiva— son siempre y sin excepción construcciones de arriba hacia abajo. Nunca veremos a un fontanero hablar de la «polisexualidad no binaria». O a una limpiadora de «queerificación de las tranversalidades».

La quinta: nadie sabe cómo nuestros jueces deben aplicar la perspectiva de género en sus juicios (si es que deben hacerlo) salvo que queramos hacer de ellos meras correas de transmisión de ideas políticas, influencias externas y criterios parciales. Dicho con otras palabras: al ser un criterio puramente ideológico, se utiliza el Derecho como política (de nuevo, uso alternativo y teoría crítica) para encajar las ideas y pulsiones de unos pocos y se destruyen las garantías constitucionales de independencia e imparcialidad en el ejercicio de la función jurisdiccional. ¿Así es como proponen interpretar la Constitución? ¿Será esa la única «realidad social del tiempo» en que las normas deben aplicarse?

La sexta: estamos inmersos en tramas de igualdad y desigualdad mayores, quizá estructurales. La perspectiva de género o la interseccionalidad pretenden responder a ellas. Craso error. No es con ideología como se mejora de veras ningún ámbito de la humanidad, sino con medidas concretas implementadas con cautela y algo de mirada oblicua, como anticipando un eventual fracaso porque el ser humano no es una reacción química en un laboratorio. Así las cosas, la perspectiva de género actúa como una guadaña, segando todo lo que encuentre a su paso y dejando el predio muy igualado, eso sí.

Y finalmente, la séptima: en estos debates se contrapone el deber ser con el ser. Lo primero siempre es una tentación del charlatán, de quien tira de trazo grueso para hacer pesca de arrastre e intentar proveerse de la caza del día. La segunda es mucho más complicada: saber qué es algo, qué sucede, cómo sucede, por qué opera así y no de otro modo; en fin, conocer algo de veras exige mucha dedicación, tiempo y esfuerzo. Hablar de «machismo» o de «patriarcado» o de «opresión» es todo lo contrario a «saber». Es tirar con artillería pesada sin otro objetivo que ganar adeptos para la causa. ¿Alguien sabe de algo que se haya resuelto satisfactoriamente aplicando la perspectiva de género?

2. La discriminación positiva es inconstitucional

La respuesta a la pregunta anterior se podría dar trayendo la decisión que adoptó en 2023 el Tribunal Supremo norteamericano. Después de veinte años de jurisprudencia que convalidaba las acciones positivas basadas en la raza y la etnia, ha tumbado tal previsión. Hablamos del caso *Students for Fair Admissions c. Harvard*, decidido por el TS mediante sentencia del 29 de junio de 2023. En ella establece que los programas de acción afirmativa basados en la raza en los procesos de admisión universitaria violan la Cláusula de Igual Protección de la Decimocuarta Enmienda Constitucional. A través de una segunda sentencia complementaria, dictada en el caso *Students for Fair Admissions c. University of North Carolina*, también de 2023, el Tribunal Supremo anuló tanto la jurisprudencia sentada en el caso *Grutter c. Bollinger* (2003) como en el caso *Regents of the University of California c. Bakke* (1978), donde se validaban, constitucionalmente hablando, los programas de acción positiva etno-raciales.

El caso tuvo que ver con el proceso de admisión en la Universidad de Harvard. Students for Fair Admissions (SFFA), una organización dirigida por el jurista conservador Edward Blum, representaba a un grupo anónimo de estadounidenses de origen asiático rechazados en Harvard. Después de una breve pausa provocada por el fallo en Fisher v. University of Texas (2016), el Tribunal de Distrito de Massachusetts dictaminó que el proceso de admisión de Harvard no discriminaba a los asiático-estadounidenses. SFFA impugnó tal decisión ante la Corte Suprema en 2021. La Corte Suprema otorgó certiorari a ambos casos y los unificó en enero de 2022. Tras el nombramiento de la juez Ketanji Brown Jackson, miembro de la Junta de Supervisores de Harvard en el momento de los hechos denunciados, los casos se dividieron y Jackson se abstuvo respecto del caso de Harvard mientras participó en el asunto de Carolina del Norte.

El 29 de junio de 2023, la Corte Suprema emitió una decisión que, por 6 a 2, revoca el fallo del tribunal inferior. El magistrado ponente de la mayoría, el presidente del Tribunal Supremo, John Roberts, sostuvo que la acción afirmativa en las admisiones universitarias es inconstitucional.

En cuanto el fondo del asunto, los antecedentes históricos y legales del caso abarcan varias décadas desde el caso Regents of the University of California v. Bakke de 1978, pasando por el caso Grutter v. Bollinger de 2003 hasta el caso Fisher v. University of Texas de 2016. La Corte Suprema de los EE. UU. dictaminó en Bakke que la acción afirmativa podría usarse como un factor determinante en la política de admisión a la universidad, pero que la cuota racial de la Facultad de Medicina Davis de la Universidad de California era discriminatoria. El Tribunal confirmó este caso en Grutter v. Bollinger, una decisión de 2003. Al mismo tiempo, el Tribunal dictaminó que el sistema de puntos utilizado por la Universidad de Michigan para favorecer a las minorías subrepresentadas era inconstitucional en Gratz v. Bollinger. El Tribunal anuló Fisher v. University of Texas I, caso de 2013, y confirmó la decisión del tribunal inferior de aplicar un escrutinio estricto a la política de admisión racial de la Universidad de Texas en Austin en Fisher v. University of Texas II, de 2016. En Fisher II, el escrutinio estricto requiere que el uso de la raza sirva a un «interés público apremiante», como los beneficios educativos que se derivan de la diversidad, y se «ajuste estrictamente» para satisfacer ese interés. Las instituciones que reciben fondos federales, como la Universidad de Harvard, están sujetas al Título VI de la Ley de Derechos Civiles de 1964, que prohíbe la discriminación racial.

La cuestión de las acciones positivas en los Estados Unidos se considera tanto un avance como un problema. A veces tiene el apoyo de la comunidad negra y no de la asiática, otras la tienen de los hispanos, pero no de los blancos. Y así sucesivamente. En las encuestas de acción afirmativa, las respuestas varían según cómo se formule la pregunta, lo que sugiere ambivalencia. Entre demócratas y republicanos, existe una clara división. La oposición a la acción afirmativa surgió en la revista neoconservadora The Public Interest, particularmente con el libro del editor Nathan Glazer Discriminación afirmativa: Desigualdad étnica y política pública. John Roberts, presidente del Tribunal Supremo cuestionó los beneficios de la diversidad en una clase de física en Fisher II. Los jueces Clarence Thomas y Samuel Alito se habían opuesto a la acción positiva; los tres jueces conservadores restantes no tenían antecedentes de oponerse a la acción afirmativa antes del fallo, aunque un artículo de 1999 que el juez Brett Kavanaugh escribió en The Wall Street Journal daba pistas sobre su disconformidad.

Students for Fair Admissions (SFFA) presentó una demanda en un tribunal de distrito federal contra la Universidad de Harvard el 17 de noviembre de 2014, en representación de un grupo de demandantes asiático-estadounidenses anónimos que habían sido rechazados en su admisión a la universidad. SFFA fue fundada por el estratega legal conservador Edward Blum, quien también fundó el Proyecto de Representación Justa, con el objetivo de terminar con las clasificaciones raciales en la educación, los procedimientos de votación, la redistribución de distritos electorales y el empleo. Blum participó en casos como Bush v. Vera, Shelby County v. Holder y Fisher v. University of Texas.

Ciertos grupos de defensa de asiático-estadounidenses presentaron escritos *amicus curiae* en apoyo de SFFA, alegando que ellos o sus hijos son discriminados en los procesos de admisión a la universidad. Otros grupos de defensa asiático-estadounidenses presentaron informes *amicus curiae* en apoyo de Harvard. El 15 de mayo de 2015, una coalición de más de sesenta organizaciones asiático-estadounidenses presentó quejas federales ante el Departamento de Educación y el Departamento de Justicia de los Estados Unidos contra la Universidad de Harvard. La coalición solicitó una investigación acerca de lo que describió como prácticas de admisión discriminatorias de Harvard contra los solicitantes asiático-estadounidenses. Las quejas en el Departamento de Educación fueron desestimadas en julio de 2015 porque Students for Fair Admissions (SFFA) ya había presentado una demanda con alegaciones similares en noviembre de 2014. Sin embargo, en 2017, la coalición volvió a presentar sus quejas ante el Departamento de Justicia bajo la administración Trump. Abrió una investigación sobre las acusaciones contra las políticas de Harvard, y esa investigación estaba en curso en febrero de 2020.

Los demandantes afirman que Harvard impone una cuota blanda de «equilibrio racial» que reduce artificialmente la cantidad de solicitantes asiático-estadounidenses admitidos en dicha universidad. Los demandantes sostuvieron que el porcentaje de asiáticos admitidos en Harvard fue sospechosamente similar al registrado el año anterior, a pesar de los aumentos significativos en el número de solicitantes asiático-americanos, así como el tamaño de la población asiático-americana.

Durante la demanda, los demandantes obtuvieron acceso a los archivos de admisión individualizados de Harvard de 2014 a 2019 y datos agregados de 2000 a 2019. Los demandantes también entrevistaron a numerosos funcionarios de Harvard. Después de recopilar los datos pertinentes, los demandantes alegaron que los funcionarios de admisiones de Harvard calificaron más bajo de forma reiterada a los solicitantes asiático-estadounidenses en aspectos relativos a rasgos de personalidad como la simpatía, el coraje y la amabilidad. Los demandantes alegaron que los estadounidenses de origen asiático obtuvieron calificaciones más altas que los solicitantes de cualquier otro grupo racial o étnico en otras medidas de admisión, como calificaciones de exámenes y actividades extracurriculares, siendo las calificaciones personales de los estudiantes el principal escollo para que fueran admitidos. Los demandantes también afirmaron que los entrevistadores de los exalumnos (quienes, a diferencia de los oficiales de admisiones dentro de la universidad, conocieron a los solicitantes individuales) dieron a los estadounidenses de origen asiático calificaciones personales comparables a las de los solicitantes blancos. El personal de admisiones de Harvard testificó que no creía que los diferentes grupos raciales tuvieran mejores cualidades personales que otros; sin embargo, los solicitantes asiáticos como grupo racial recibieron puntajes personales consistentemente más bajos durante el período encuestado y la oficina de admisiones de Harvard calificó a los asiático-estadounidenses con las peores calificaciones personales. Los afroamericanos, por otro lado, obtuvieron consistentemente la calificación más baja en la calificación académica, pero la más alta en la calificación personal.

Peter Arcidiacono, un economista de la Universidad de Duke que testificó en nombre de los demandantes concluyó que los solicitantes asiático-estadounidenses como grupo se desempeñaron mejor en el rendimiento académico y en las actividades extracurriculares. A pesar de esto, recibieron una sanción estadísticamente significativa en relación con los solicitantes blancos en la «Calificación personal» y la «Calificación general» asignadas por los funcionarios de Harvard. Como resultado, los demandantes alegan que los solicitantes asiático-estadounidenses tienen la probabilidad más baja de admisión de todos los grupos raciales en los Estados Unidos, a pesar de obtener la puntuación más alta en todas las medidas objetivas. Arcidiacono sostuvo que eliminar la sanción de puntaje personal de los solicitantes asiáticos en relación con los solicitantes blancos daría como resultado un aumento del 16 % en el número de asiático-estadounidenses admitidos. Sugirió también que la raza del solicitante juega un papel importante en las decisiones de admisión. Según su testimonio, si un solicitante asiático-estadounidense con ciertas características en torno a las calificaciones, las características personales, las actividades extracurriculares y los antecedentes familiares, tendría una probabilidad de ser admitido en un 25 %. Si fuera blanco, su probabilidad subiría al 36 %. En cambio, los solicitantes hispanos y negros con las mismas características tendrán un 77 % y un 95 % de probabilidades de admisión previstas, respectivamente.

El informe de Arcidiacono alega que el trato preferencial de Harvard a los solicitantes afroamericanos e hispanos no es el resultado de los esfuerzos de la universidad por lograr la diversidad socioeconómica de su alumnado, ya que Harvard admite más del doble de solicitantes afroamericanos no desfavorecidos que solicitantes. También afirmó que, si Harvard eliminara todos los demás factores para la preferencia de admisión, la cantidad de asiático-americanos admite aumentaría en seis años en un 50 %.

Los demandantes también afirman que la propia Oficina de Investigación Institucional de Harvard encontró una desviación estadísticamente significativa contra los solicitantes asiático-estadounidenses en una investigación interna en 2013, pero nunca hizo públicos los hallazgos ni actuó en consecuencia. Los demandantes han comparado el tratamiento actual de los asiáticos con la cuota judía vigente a principios del siglo XX, que utilizó las personalidades unidimensionales supuestamente «deficientes» de los judíos inmigrantes y su supuesta falta de liderazgo como la razón para excluir a los no judíos.

Harvard negaba haber discriminado, pues entiende que su filosofía de considerar la raza como uno de los factores de su política de admisión cumple con la ley. La Universidad argumenta que recibe más de 40.000 solicitudes al año, donde la gran mayoría de los solicitantes cumplen con los requisitos académicos (calificaciones previas). Por eso debe acudir a otros criterios de admisión. Harvard también afirma que su calificación personal refleja una amplia gama de información valiosa en la solicitud, como ensayos personales del solicitante, respuestas a preguntas cortas, recomendaciones de maestros y consejeros, informes de entrevistas con exalumnos, entrevistas con el personal y cualquier carta adicional. o información proporcionada por el solicitante.

Harvard recuerda que el porcentaje de estudiantes asiático-americanos admitidos ha aumentado del 17 % al 21 % en una década, mientras que los asiático-americanos representan alrededor del 6 % de la población estadounidense. Harvard afirmó además que había estudiado más de una docena de alternativas de admisión neutras racialmente hablando y no encontró ninguna que conjugase la promoción de la diversidad estudiantil con los estándares de excelencia que Harvard persigue.

Usando los mismos datos proporcionados a los demandantes, el economista de UC Berkeley, David Card, testificó en nombre de Harvard y afirmó en un informe que el análisis de la SFFA de las calificaciones personales excluyó las solicitudes de un porcentaje considerable de solicitantes, ensayos personales y cartas de recomendación de maestros y consejeros de orientación y que no hubo una diferencia estadísticamente significativa en las puntuaciones personales en comparación con los estudiantes blancos.

Además, Card afirmó que, si el análisis de la SFFA mostraba que las calificaciones personales asignadas a los estadounidenses asiáticos eran inesperadamente más bajas, estos también obtuvieron calificaciones académicas inesperadamente más altas que otros grupos raciales, lo que agregaría cuestionaría la afirmación de que Harvard está discriminando intencionalmente a los estadounidenses de origen asiático. En respuesta al análisis de Arcidiacono, Harvard sostuvo que Arcidiacono había «explotado los datos a su favor» al excluir a los solicitantes que recibieron un trato preferencial por ser legados, atletas, hijos del personal y de la facultad, incluidos los asiático-estadounidenses. Harvard también argumentó que los documentos que los demandantes alegaron como prueba de discriminación contra los estadounidenses de origen asiático representaban «un análisis preliminar e incompleto» que la Oficina de Investigación Institucional (OIR) de Harvard había realizado, con ausencia de datos capitales.

El caso se detuvo hasta que la Corte Suprema emitió su decisión en Fisher II el 23 de junio de 2016. El caso se reanudó y en octubre de 2018 se llevó a cabo un juicio sin jurado de tres semanas en el tribunal de distrito federal de Massachusetts en Boston.

En octubre de 2019, la jueza Allison D. Burroughs dictaminó que las políticas de admisión de Harvard College no discriminan indebidamente a los estadounidenses de origen asiático. Si bien el sistema «no es perfecto», dictaminó Burroughs, no obstante, aprueba el examen constitucional. En su fallo, Burroughs afirma que no había cuotas en Harvard, a pesar de reconocer que la escuela intenta alcanzar el mismo nivel de diversidad racial cada año y utiliza la composición racial de los estudiantes admitidos para ayudar a determinar cuántos estudiantes debería admitir en general.

En febrero de 2020, la SFFA presentó una apelación ante la Corte de Apelaciones del Primer Circuito de los Estados Unidos. El tribunal escuchó los argumentos orales a mediados de 2020 y finalmente falló a fines de 2020 a favor de Harvard, y concluyó que la jueza Burroughs no se había equivocado en su fallo ni en sus principales hallazgos fácticos. El Departamento de Justicia presentó escritos de amigo de la corte tanto en la audiencia inicial como en la apelación, argumentando que Harvard impone «una sanción racial al desfavorecer sistemáticamente a los solicitantes asiático-estadounidenses».

La SFFA solicitó a la Corte Suprema que revisara tanto la decisión del Primer Circuito en el caso de Harvard, que se centró en el impacto del proceso de admisión en los estadounidenses de origen asiático, como una decisión similar del Distrito Medio de Carolina del Norte, Students for Fair Admissions v. University of NC, *et. al.*, que se centró en el impacto en los solicitantes caucásicos y asiático-americanos en la Universidad de Carolina del Norte y que se decidió a favor de la escuela en octubre de 2021. Ambas peticiones buscaban que el tribunal anulara Grutter v. Bollinger. En Harvard, la SFFA preguntó si las prácticas de admisión de Harvard violaban el Título VI de la Ley de Derechos Civiles dados los posibles procesos de selección neutrales en cuanto a raza, mientras que en Carolina del Norte preguntaron si una universidad puede rechazar un proceso de admisión neutral en cuanto a raza si cree que necesidad de proteger la diversidad del alumnado y la calidad de la educación.

Harvard presentó un escrito contrario para que la Corte Suprema rechazara la petición de SFFA. En junio de 2021, la Corte solicitó que el gobierno de los EE. UU. presentase un escrito de su postura sobre el caso, y en diciembre, el Fiscal General de los Estados Unidos bajo la administración de Biden instó a la Corte Suprema a rechazar la apelación.

La Corte Suprema certificó ambas peticiones el 24 de enero de 2022 y las consolidó bajo Harvard. Después de que Ketanji Brown Jackson testificara durante su audiencia de confirmación que se recusaría del caso porque forma parte de la Junta de Supervisores de Harvard, la Corte Suprema separó los dos casos, permitiéndole participar en el caso de la UNC. Ambos casos fueron argumentados el 31 de octubre de 2022. La Corte recibió treinta y tres escritos *amicus curiae* en apoyo de la asociación demandante y sesenta en apoyo de las Universidades de Harvard y de Carolina del Norte.

Entre los que apoyaban a SFFA, catorce senadores y 68 representantes, así como 19 estados, escribieron que la jurisprudencia Grutter era incompatible con la Cláusula de Igualdad de Protección. Otros escribieron que las políticas de admisión en Harvard y la Universidad de Carolina del Norte eran discriminatorias en el sentido de que cualquier favoritismo hacia una raza resulta en discriminación hacia otras. Otros argumentos en los informes de apoyo de la SFFA, incluidos los del Instituto Cato y la Fundación Legal del Pacífico, consideraron que las políticas de acción afirmativa son generalmente arbitrarias, no mejoran la diversidad en los campus y también violan la asignación de fondos federales bajo el Título VI.

En apoyo a las universidades, tanto la administración de Biden como varios senadores actuales y anteriores escribieron que históricamente, tanto el poder legislativo como el ejecutivo han trabajado para combatir los desequilibrios raciales a través de la acción de afirmación y no tienen la intención de violar el Título VI. Sesenta y cinco senadores y representantes afirman que, a pesar de Brown y Grutter, la segregación en las escuelas K-12 continúa empeorando y se necesitan políticas de acción afirmativa para luchar contra el desequilibrio racial. Varios grupos, incluida la Asociación Estadounidense de Abogados, la Asociación Estadounidense de Psicología y la Unión Estadounidense de Libertades Civiles, escribieron para respaldar que la diversidad racial es esencial para la universidad y más allá.

Varios otros grupos asiático-estadounidenses han presentado informes *amicus* en apoyo de las políticas de admisión conscientes de la raza y de Harvard. Incluyen el Asian American Legal Defense and Education Fund, que se representa a sí mismo ya otros 44 grupos asiático-americanos y profesores de educación superior, y Asian Americans Advancing Justice - Los Ángeles, que representa a varios estudiantes asiático-americanos. El Fondo de Educación y Defensa Legal de la NAACP presentó un informe en apoyo de Harvard, representando a 25 organizaciones de estudiantes y ex alumnos de Harvard que consisten en «miles de estudiantes y exalumnos asiático-americanos, negros, latinos, nativos americanos y blancos». Una publicación legal posteriormente argumentó que los procedimientos de admisión de Harvard «perjudican a los estudiantes afroamericanos e hispanos mejor posicionados para traer perspectivas instructivas y subrepresentadas a la universidad».

El presidente del Tribunal Supremo Roberts escribió la sentencia de la mayoría d. Tanto Harvard como Carolina del Norte se decidieron conjuntamente el 29 de junio de 2023, y el Tribunal dictaminó que las admisiones basadas en la raza adoptadas tanto por la Universidad de Harvard como por la Universidad de Carolina del Norte eran inconstitucionales por lesionar la Cláusula de Protección Igualitaria de la Decimocuarta Enmienda. Jackson se había recusado en Harvard, tomando su decisión con base en un voto de 6 a 2, mientras que se unió a los disidentes en Carolina del Norte, lo que resultó en un voto de 6 a 3 allí. La opinión mayoritaria, escrita por Roberts, afirmó que la raza no puede ser un factor consciente en la admisión a las universidades. No impide que las universidades entablen conversación con el alumno acerca de cómo su raza ha impactado en su vida, siempre y cuando esa discusión esté vinculada concretamente a una cualidad de carácter o habilidad que el solicitante en particular podría desplegar en la universidad.

En representación de la opinión de la mayoría, el juez Roberts escribió que la Cláusula de Igual Protección de la Decimocuarta Enmienda se aplica «sin tener en cuenta ninguna diferencia de raza, color o nacionalidad» y, por lo tanto, debe aplicarse a todas las personas. Como tal, «Eliminar la discriminación racial significa eliminarla por completo», agregando que «la garantía de igual protección no puede significar una cosa cuando se aplica a un individuo y otra cosa cuando se aplica a una persona de otro color». Roberts escribió que los programas de acción afirmativa «carecen de objetivos suficientemente enfocados y medibles que justifiquen el uso de la raza, inevitablemente emplean la raza de manera negativa, involucran estereotipos raciales y carecen de puntos finales significativos. Nunca hemos permitido que los programas de admisión funcionen de esa manera, y no lo haremos hoy».

Hubo tres votos concurrentes a la sentencia de la mayoría. Los jueces Thomas, Gorsuch y Kavanaugh presentaron cada uno sus propios escritos a los efectos. En su concurrencia, el juez Thomas presentó un argumento originalista a favor de la «constitución ciega» y también citó estadísticas que indican que las admisiones a las universidades con conciencia racial se realizan a expensas del valor individual de un estudiante. Clarence Thomas también escribió que si bien es dolorosamente consciente de los estragos sociales y económicos que han sufrido mi raza y todos los que sufren discriminación, mantengo una esperanza duradera de que este país esté a la altura de sus principios, establecidos en la Declaración de Independencia y en la Constitución de Los Estados Unidos, especialmente aquel que reza que todos los hombres son creados iguales, son ciudadanos iguales y deben ser tratados por igual ante la ley.

En una opinión disidente a la que se unió la Juez Kagan, la Juez Sotomayor escribió que ignorar la raza no igualará a una sociedad que es racialmente desigual. Lo que era cierto en la década de 1860, y nuevamente en 1954, es cierto hoy, en pleno 2023: la igualdad requiere el reconocimiento de la desigualdad. Sotomayor arguye a mayores que la interpretación de la Decimocuarta Enmienda por parte de la mayoría del Tribunal Supremo no solo es contraria al precedente y a todas las enseñanzas de nuestra historia, sino que también se basa en algo ilusorio: que la desigualdad racial es un problema residenciado en anteriores generaciones.

En una opinión disidente separada, la Juez Jackson escribió que la mayoría tira de la cuerda y conmina a la «ceguera para todos» por decreto legal. Pero considerar que la raza es irrelevante a ojos de la ley no significa que lo sea en la vida. Le resulta muy desafortunado que la Cláusula de Igual Protección realmente exigiera este resultado perverso, ahistórico y contraproducente. Imponer este resultado en nombre de la igualdad obstruye nuestro progreso colectivo hacia la plena realización de la promesa igualitaria, lo que constituye una verdadera tragedia para todos.

Hubo reacciones desde diversos ámbitos. El expresidente Donald Trump dijo que era un gran día para Estados Unidos y que las personas con habilidades extraordinarias para el éxito, incluida la grandeza futura de nuestro país, finalmente están siendo recompensadas. Este era el fallo que todos esperaban, a su mejor parecer. El exvicepresidente Mike Pence dijo que no hay lugar para la discriminación racial en los Estados Unidos, manifestándose complacido porque la Corte Suprema haya puesto fin a esta flagrante violación de los derechos civiles y constitucionales en los procesos de admisión, que solo servían, a su juicio, para perpetuar el racismo. Ron DeSantis, dijo que las admisiones a las universidades deben basarse en el mérito y los solicitantes no deben ser juzgados por su raza o etnia. La Corte Suprema ha defendido correctamente la Constitución y ha puesto fin a la discriminación por parte de las universidades. Por su parte, Vivek Ramaswamy arguyó que la acción positiva era un experimento gravemente fallido y, en dicho sentido, debía ponerse el último clavo en su ataúd y restaurar la meritocracia. Los senadores republicanos Mitch McConnell, Tom Cotton, Tim Scott y Marsha Blackburn expresaron su apoyo a la decisión.

En el otro sector, el presidente Joe Biden dijo que esta no era una corte normal y que Estados Unidos necesitaba un nuevo camino a seguir que sea consistente con la ley. El líder de la mayoría en el Senado, Chuck Schumer, dijo que el fallo de la Corte Suprema «es un gran obstáculo en la consecución de la justicia racial». Otros demócratas del Congreso, como el senador Cory Booker, el líder de la minoría en la Cámara Hakeem Jeffries y el congresista Hank Johnson expresaron su desacuerdo con la decisión. El expresidente Obama dijo que, como cualquier política, la acción positiva no es perfecta, pero permitió que generaciones de estudiantes como él mismo o su mujer demostraran su valía. La propia Michelle Obama dijo que se le rompía el corazón al pensar qué le depararía el futuro a cualquier joven.

El presidente y director ejecutivo de una de las principales asociaciones de derechos civiles del país, Derrick Johnson, dijo que la acción afirmativa existe porque no podemos depender de los colegios, universidades y empleadores para promulgar prácticas de admisión y contratación que abarquen la diversidad, la equidad y la inclusión, y que la raza juega un papel innegable en la formación de las identidades y la calidad de vida de los afroamericanos. En una sociedad todavía marcada por las heridas de las disparidades raciales, la Corte Suprema muestra una ignorancia deliberada de la realidad americana, a su juicio.

El presidente y director ejecutivo del Comité de Abogados por los Derechos Civiles Bajo la Ley, Damon Hewitt, dijo que «No importa lo que diga este tribunal, seguiremos luchando. No importa lo que diga este tribunal, nada puede privarnos de lo que llamamos un futuro consciente de la raza. El futuro que merecemos, el futuro que merecen los estudiantes. Porque la acción afirmativa y las admisiones holísticas no son una limosna. Ni siquiera es realmente una ayuda. Es lo que los estudiantes merecen cuando aportan todo su ser a la mesa».

El fundador de *Students for Fair Admissions*, Edward Blum, calificó el fallo como «el comienzo de la restauración del pacto legal que une a nuestra nación multirracial y multiétnica», y agregó que «Estas prácticas de admisión discriminatorias socavaron la integridad de nuestras leyes de derechos civiles».

El presidente de la Universidad de California, Michael V. Drake, dijo en un comunicado que el fallo pone fin a una «práctica valiosa que ha ayudado a las instituciones de educación superior a aumentar la diversidad y abordar errores históricos en las últimas décadas». La presidenta de California, Carol Folt, dijo que «no retrocederemos». y que «Esta decisión no afectará nuestro compromiso de crear un campus que sea acogedor, diverso e inclusivo para personas talentosas de todos los orígenes». El presidente de la Universidad Johns Hopkins, Ron Daniels, calificó el fallo de la corte como un «retroceso significativo en nuestros esfuerzos por construir una comunidad universitaria que represente la rica diversidad de Estados Unidos». Los funcionarios de la Universidad Rice calificaron el fallo de «decepcionante».

El portavoz de la Universidad de Columbia, Ben Chang, dijo que «la diversidad es una fuerza positiva en todas las dimensiones de Columbia, y podemos y debemos encontrar un camino duradero y significativo para preservarla». La Universidad de Pensilvania dijo que «en pleno cumplimiento de la decisión de la Corte Suprema, buscaremos formas de admitir estudiantes individuales que contribuyan al tipo de comunidad excepcional que es esencial para la misión educativa de Penn».

CONCLUSIONES

Respecto a las conclusiones en cuanto a la sentencia del TEPJF, debemos resaltar las que siguen. En el caso que hemos analizado en las páginas anteriores, la Sentencia SUP-JDC-434/2022, dictada por el TEPJF, pone fin a un litigio que tiene por objeto enjuiciar si la aplicación de la paridad competitiva por un partido político respetaba o no los criterios normativos a los efectos. La resolución entiende que no y sentencia que en futuras ocasiones el partido político deberá proceder de forma diferente, así como el resto de las formaciones que deseen presentarse a los procesos electorales pertinentes, en aras de cumplir la paridad. Pero el voto particular de un magistrado resulta más convincente, toda vez que recuerda que el partido político había cumplido de facto con la medida paritaria, solo que lo había hecho teniendo en cuenta cuáles eran los distritos donde podían tener más y menos éxito. Mientras que la resolución de la mayoría entiende que en futuras ocasiones los partidos políticos deben establecer unos lineamientos paritarios nuevos a verificar por el Instituto Nacional Electoral, el magistrado discrepante comprende que dicha exigencia ex post carece de anclaje legal. Con todo, el problema de fondo no es un problema exclusivamente mexicano, ni siquiera de los sistemas democráticos. Es un problema de fondo que tiene que ver con la filosofía y los apoyos argumentales de medidas como las aquí disputadas. De ahí que, todavía a día de hoy, podamos hablar en esos términos del «juntos pero no revueltos».

La implementación de la paridad de género, tanto en las listas electorales como en la selección y nombramiento de ciertos cargos institucionales entre los que se cuenta el poder ejecutivo, ha demostrado ser una medida eficaz para aumentar la presencia de mujeres en la política y en los órganos de decisión. Sin embargo, también ha generado controversias y críticas, especialmente entre aquellos que argumentan que las cuotas de género pueden afectar la calidad de la representación y limitar la libertad de los partidos políticos para elegir a sus candidatos. Por no mencionar el empleo del sexo como causa de diferenciación que bien podría ser discriminatoria, lo cual afectaría adicionalmente al derecho al sufragio ex artículo 23 CE. Estos argumentos son extrapolables a las medidas que busquen parificar los Ejecutivos.

Es muy importante que las mujeres dedicadas profesionalmente a la política puedan desempeñar su papel de manera efectiva, participar activamente en los debates y decisiones políticas y ser escuchadas y respetadas en igualdad de condiciones que sus compañeros varones. Es predicable y deseable la igualdad elemental en el desempeño de los cargos ligados al poder ejecutivo. Pero para ello no parece que haga falta más paridad sino implementar políticas públicas que ayuden a lo esencial de la vida y que sea el propio mercado político el que genere la oferta y cubra la demanda.

Hay que tener en cuenta la necesidad de promover políticas y medidas para garantizar una mayor conciliación laboral y familiar, que afectará sin duda a las mujeres en el cargo. Muchas veces, las mujeres se ven limitadas en su participación en la política debido a las responsabilidades familiares, sobre todo cuando es política de base y no remunerada. Por lo que es fundamental contar con políticas de apoyo para que puedan desempeñar su papel de manera efectiva sin tener que renunciar a su vida personal y familiar.

Es importante abordar la discriminación y la violencia por razón de género que enfrentan las mujeres en la política. Las mujeres que participan en la política algunas han sido objeto de amenazas, acoso y violencia, lo que limita su capacidad para ejercer su labor de representación y defensa de los derechos de las mujeres. Se antoja fundamental llevar a cabo políticas públicas sobre el particular, pero no unas que discriminen a un sector de la población en detrimento de otro.

Aunque se han logrado importantes avances en la promoción de la igualdad de género en la política en México, en España y, en general, en aquellos países de la órbita occidental, la doctrina feminista insiste en que aún queda mucho por hacer para garantizar una presencia equitativa de mujeres y hombres en los cargos públicos y en los órganos de decisión de los partidos políticos. No sabemos qué más podría hacerse, toda vez que se viene en España una nueva Ley de Paridad, que introduce requisitos aún más exigentes que el mismo principio de composición equilibrada. Ni que decir tiene que el proyecto, tal y como se ha publicado, atenta contra la libertad de los militantes de los partidos políticos a que sus formaciones defiendan las opciones ideológicas que estimen oportunas y que, en consecuencia, conformen las listas electorales como mejor deseen. En lo que hace el anteproyecto de ley respecto de la presencia paritaria en el ámbito empresarial bien podríamos estar ante una inconstitucionalidad ex artículo 38 CE.

Una de las principales medidas que pueden adoptar las empresas para promover la igualdad de género es la implementación de acciones positivas igualitarias en sus políticas de recursos humanos y en su cultura organizativa. Esto implica fomentar una cultura de igualdad y no discriminación, y promover la diversidad y la inclusión en todos los ámbitos de la empresa. Esto topa, sin duda, con algunos de los estudios científicos elaborados en la materia, que niegan que la brecha salarial de género, como tal, exista (PALACIOS GÓMEZ, 2022).

La doctrina feminista sigue insistiendo en la educación y la formación como factores clave para promover la igualdad de género desde edades tempranas. Algunos autores entienden que ya estamos suficientemente adoctrinados. Otros, que se ha hecho poco y que debe hacerse más. Por eso reinciden en el mantra de la «educación inclusiva y no discriminatoria», que fomente la igualdad radical entre mujeres y hombres y que promueva el papel y la contribución de las mujeres en la sociedad. Nos anegan con afirmaciones como que es necesario (¡vital!) incluir la perspectiva de género en el currículo escolar (¿?) y en la formación de los profesionales de la educación, para garantizar una educación más equitativa y una formación más inclusiva. Por supuesto, todo empieza desde el faro de la política profesional, mascarón de proa paritario que en breve será objeto de un nuevo instrumento de *tortura*. Todo esto se parece bastante a lo que la doctrina denomina «actitud chamánica», la de esos intelectuales versados en el arte de proponer grandes palabras que en la práctica no ayudan a nadie y enmascaran la mera imposición de sus ideas por las bravas (LAPUENTE, 2015: 145).

La paridad no tiene sentido para quienes tienen mérito y capacidad. Y las personas que tal cosa aseveran tienen razón. Cuando lo que importa es el número, el porcentaje y el equilibrio numérico y se olvidan o postergan *sine die* los atributos cualitativos que debería tener un parlamentario o un consejero de administración, tal estado de cosas no augura nada bueno. Lo venimos observando y denunciando desde hace lustros y no podemos dejar pasar la ocasión de hacerlo, desde la convencida modestia y la necesaria humildad, una vez más. Recuérdese que es sabido que cuanto menos frecuente es algo, más lo vemos. Por eso nuestras sociedades son mucho más igualitarias que discriminatorias (SAUER, 2023: 324).

En cuanto al segundo capítulo, el que se preocupaba por la perspectiva de género, cabe decir varias cuestiones.

Por un lado, la perspectiva de género es un término más ideológico o político que jurídico, de ahí que sea tan difícil de acotar desde la perspectiva del Derecho Constitucional qué signifique o cómo deba hacerse operativo. Conceptualmente inasible a buen seguro, tal cosa no ha obstado a que se lleven a cabo diversas maniobras jurídicas que han ido filtrando la noción en diferentes planes, libros, normas y sentencias, hasta el punto de que algunas voces doctrinales reclaman que se legisle con perspectiva de género o que se adopten decisiones judiciales con semejante perspectiva. Mucho nos tememos que es imposible el éxito de la empresa: si ni tan siquiera sabemos a qué estamos aludiendo, ¿cómo vamos a tomar decisiones o a dictar normas, o a dictar sentencias o a aprobar presupuestos en base a tal criterio?

Por otro lado, independientemente de lo que se acaba de decir, el legislador español no se ha arredrado e incluye tal concepción en algunas disposiciones normativas. Otro tanto sucede con algunas sentencias del Tribunal Constitucional, aunque en honor a la verdad debe decirse que la aparición de la perspectiva de género se ha realizado mayormente en votos particulares de magistrados pertenecientes a la minoría creada en torno al asunto concreto.

En fin, hemos expuesto algunos argumentos doctrinales que provienen tanto de la doctrina penalista como de la constitucionalista, los primeros escandalizados por aplicar algo que los segundos exigen de la jurisprudencia constitucional, de la legislación y, por supuesto, de la propia Constitución. El artículo 9.2 CE deviene cheque en blanco a rellenar conforme dicte la perspectiva de género. O, mejor dicho, conforme digan unos pocos que dicte la perspectiva de género. Un auténtico secuestro elitista, dogmático y sectario de las vidas corrientes de las personas.

Dicho con otras palabras, la perspectiva de género se está utilizando como un concepto metaconstitucional, más allá del Derecho Constitucional, pero con la vocación de penetrar en este, trayendo una visión que subvierte —como poco, sacude— los valores esenciales del ordenamiento jurídico. El proceso, nos tememos, no ha hecho más que empezar si nada o nadie lo remedia.

En lo que hace al caso Alonso Saura, no podemos mantener un criterio diferente al que venimos defendiendo en el resto de la presente obra. Lo cierto y verdad es que este asunto tiene diversas implicaciones para el ordenamiento jurídico español. Es para congratularse el hecho de que no se haya dictado una violación del Convenio. Para la mayoría del TEDH, el análisis realizado por la jurisdicción interna, señaladamente el Tribunal Supremo, ha sido respetuoso para con las garantías inherentes al artículo 6.1 CEDH.

Se constata que dicha mayoría emplea de forma deferente el margen de apreciación nacional. Dos magistrados concurren en el fallo de sus colegas, aunque discrepan del razonamiento en lo que hace a la ponderación entre los méritos objetivos o subjetivos, pues entienden que los segundos han eclipsado a los primeros y que tal cosa podría evitarse, pro-futuro, mediante el establecimiento de un baremo que pondere previamente los méritos exigidos. El magistrado *ad hoc* español hace un voto particular mucho más duro, pues entiende que el CGPJ tomó una decisión arbitraria, que los altos tribunales nacionales no le enmendaron la plana (salvo en primera instancia el TS) y de algún modo convalidaron tal estado arbitrario de cosas, amén de entender que se ha producido una vulneración del derecho a la no discriminación por razón de sexo, que debió ser corregido por algún tipo de acción positiva amparada en la legislación igualitaria que rige en España.

En puridad, el asunto tiene poco que ver con la igualdad y sí con el poder discrecional de nombrar que faculta al CGPJ. Parece una solución más plausible, pausada y realista la de los dos magistrados que discrepan concurriendo, pues introducir una baremación significa intentar establecer reglas *a priori* que sirvan para que la contienda se desarrolle sabiendo de antemano qué se exige y cómo se va a exigir. Las medidas incrementales, por su naturaleza gradual, no quedan a expensas de un «todo o nada». Caben matices, puntualizaciones, otorgar algo más de peso a este o a aquel mérito y, en fin, establecer una serie de precondiciones más seguras desde el punto de vista jurídico.

Finalmente, aun dando entrada al postulado igualitario, rápidamente este se abandona o desaparece para exigir, como bien arguye el voto de Jimena Quesada, una acción positiva que hubiere favorecido a la candidata frente al candidato, otorgándole el puesto. Eso también integró el *petitum* de la candidata. Pero, en mi modesta opinión, yerran el tiro pues piden tal cosa a sabiendas de que lo de veras exigen es que hubiere tenido más peso el criterio objetivo que el subjetivo. Al ver cómo la balanza se decanta a favor del segundo (insistimos: no es ilegalidad sino discrecionalidad), solo queda el recurso de solicitar, ante la escasísima infra presencia de jueces mujeres en los puestos altos del escalafón, que se adopte una medida promocional que atribuyera el puesto a la demandante.

Este caso lo vuelve a demostrar una vez más: hacer justicia no tiene que ver con darle automáticamente el bien disputado a quien pertenece a una presunta minoría (las mujeres no lo son en términos sociales y menos las mujeres jueces) sino en establecer *a priori* condiciones objetivas, regladas y baremadas para que gane el/la mejor.

Respecto a la igualdad constitucional *a la argentina*, podemos decir que, aunque tiene inevitable plasmación a nivel constitucional y legal, la doctrina experta que ha tratado a la cuestión llama a la prudencia y a la contención. No es tanto que no quepan políticas igualitarias, sino que estas deben formularse de acuerdo con el contexto concreto que se imponga. No cabe obviar las circunstancias concurrentes. No cabe hacer ideología, mucho menos constantemente, para obligar a las personas a tener conductas y comportamientos forzosos. No se olvide que los principales lamentos respecto a los totalitarismos tienen que ver con pretender hacer la radical igualdad.

También debemos decir algo respecto al artículo 9.2 CE. No se nos ocurre mejor cosa que Creo que debemos detenernos y para a reflexionar (y a recuperar el resuello y la tranquilidad): creo que debemos retornar al mejor constitucionalismo, aquel que pone la libertad en el centro de todas las cosas. Es bueno ser originalista si con eso defiendo la libertad. Es bueno agradecer y conservar lo que otros crearon. Es bueno defender el Estado liberal de Derecho porque nos permite caminar erguidos, con garantías elementales para nuestra convivencia pacífica.

Por lo demás, la mejor cura de humildad es saber que, esté donde esté, miro alrededor y no veo absolutamente nada que yo haya construido, reparado o levantado. Lo reitero: nada. Si tal cosa la llevamos de la mano a las Ciencias Sociales y la dejamos ahí, veremos cómo desde Grecia y Roma, en el debate de las ideas, no hemos aportado apenas nada. Por eso quienes valoran la originalidad en sí misma suelen caer en el ridículo más espantoso. Por eso un urinario pudo ser considerado el padre del *ready-made* y el pistoletazo de salida al arte posmoderno (la nada con sifón). Por no mencionar la paradoja que encierra la palabra: originalidad es crear algo nuevo...apelando etimológicamente al inicio de todas las cosas. Ser original sería no serlo en absoluto y viceversa: no ser original sería original. Lo dicho: en el mundo de las ideas, desde Grecia y Roma, hemos reciclado; y eso en el mejor de los casos.

No es que no creamos en la igualdad: es que, si se reconocen y garantizan los derechos fundamentales a todas las personas, las interacciones entre personas libres *también* producirán cierta igualdad elemental. Todos igualmente libres es todos libres de igual manera como base. A partir de ahí que cada uno construya lo que buenamente pueda, quiera, o sepa. Todo lo que no sea eso rozará el peligro de ser despótico, totalitario, de querer someter a un poder desmedido y voraz.

Los adalides de la igualdad nunca reparan en que, a diferencia de la libertad, deben imponerla constantemente. Vienen a corregir fallos, sí, pero pareciera que de la humanidad al completo. Al borde de la ingeniería social. Por eso necesitan un presente cuasi apocalíptico, para justificar las medidas que, inmediatamente después del diagnóstico, traerán bajo el brazo y administrarán sin parar mientes. Para justificar, en suma, sus cargos, legitimarse a sí mismos, y dar carta de naturaleza a unas medidas que, por más que se vendan como «necesarias», nunca se someten a una evaluación realista y rigurosa, vaya a ser que el resultado no guste a los próceres igualitarios. Ya se sabe: la mejor forma de no saber es no preguntar. Por eso no podemos dejar de recordar la decisión del TS norteamericano de 2023, declarando la inconstitucionalidad de la discriminación positiva en el acceso a la Universidad.

¿Tiempos de cambio a la vista?

BIBLIOGRAFÍA

ABC: «El Consejo de Estado cuestiona la ley de paridad: "excesiva", de "dudosa aplicación" y hasta inconstitucional», 24 de mayo de 2023. En línea: https://www.abc.es/sociedad/demoledor-voto-particular-padre-constitucion-sobre-ley-20230524184527-nt.html

Abernethy, G. L., *The idea of equality. An anthology*, John Know Press, Richmond, 1959.

Alegre, M.; «¿Quién le teme a la igualdad?». En Alegre, M.; Y Gargarella, R. (coords); *El Derecho a la Igualdad. Aportes para un constitucionalismo igualitario*, Abeledo Perrot, Buenos Aires, 2012, 2.ª edición.

Alegre, M.; «Igualitarismo, democracia y activismo judicial». En VV. AA.; *Los derechos fundamentales*, Editores del Puerto, Ciudad Autónoma de Buenos Aires, 2003.

Alonso García, E.; «El principio de igualdad del artículo 14 de la Constitución Española», *Revista de Administración Pública*, n.º 100-102, 1983.

Alonso García, R.; «El control de convencionalidad: cinco interrogantes», *Revista Española de Derecho Constitucional*, n.º 119, 2020.

Álvarez Rodríguez, I.; *Nueva crítica del constitucionalismo feminista. La ideología de género como caballo de Troya*, Editorial Colex, A Coruña, 2023.

Álvarez Rodríguez, I.; *Democracia equilibrada versus democracia representativa*. Madrid: Congreso de los Diputados, 2012.

Álvarez Rodríguez, I.; *Crítica del constitucionalismo feminista*. Barcelona: Atelier, 2020.

Álvarez Rodríguez, I.; «Partidos políticos y democracia paritaria». En Esquivel Alonso, Y.; y Ríos Vega, L. E., (coords); *Estudios de casos líderes nacionales y locales*, vol. XXV. México DF: Tirant lo blanch, 2022.

Ansell, B.; *Por qué fracasa la política. Las cinco fallas de nuestro sistema político y cómo evitarlas*, Península, Barcelona, 2023.

Aragón Reyes, M.; de Carreras, F.; Díez Nicolás, J.; Fernández, T-R.; García Delgado, J. L.; Lamo De Espinosa, E.; Mangas, A.; Sosa Wagner, F.; y Tortella, G.; *España: democracia menguante*, Fundación Colegio Libre de Eméritos, Madrid, 2022.

Ayllón, J. R.; *El mundo de las ideologías*, Homo Legens, Madrid, 2019.

Bennett, W. J.; *El libro del hombre. Un camino a la masculinidad*, Homo Legens, Madrid, 2022.

Berlin, I.; *Sobre la libertad y la igualdad*, Página Indómita, Barcelona, 2022.

Bidart Campos, G. J.; *Los valores de la democracia argentina*, EUDEBA, Buenos Aires, 1981.

Bidart Campos, G. J; *Manual de la Constitución reformada*, Tomo I, Ediar, Buenos Aires, 2006.

Bidart Campos, G. J; *Teoría General de los Derechos Humanos*, Astrea, Buenos Aires, 2006.

Blay Gil, E.; y González Sánchez, I.; «El techo de cristal en la judicatura española: hipótesis explicativas a partir de las vivencias de las magistradas», *Revista Española de Investigación Criminológica*, vol. 20/n.º 2, 2022.

Bobbio, N.; *Igualdad y Libertad*, Paidós, Barcelona, 1993.

Bouazza Ariño, O.; «Los umbrales de calidad del aire, la irretroactividad de las normas urbanísticas favorables y otras cuestiones de interés en la reciente jurisprudencia del Tribunal Europeo de Derechos Humanos», *Revista General de Derecho Administrativo*, n.º 63, 2023.

Bouazza Ariño, O.; «Notas de jurisprudencia del Tribunal Europeo de Derechos Humanos», *Revista de Administración Pública*, n.º 221, 2023.

Bouazza Ariño, O.: «La respuesta de la Administración contra la homofobia y su control jurisdiccional en el orden interno y europeo», *Revista Galega de Administración Pública de Derecho Administrativo*, n.º. 49, 2022.

Bouchox, J-C.; *La violencia invisible*, Arpa, Barcelona, 2022.

Bustos Gisbert, R.; Delgado Del Rincón, L.; Figueruelo Burrieza, Á.; López Aguilar, J. F.; López Guerra, L.; Lucas Murillo de la Cueva, P. Rosado Iglesias, G.; Serra Cristobal, R.; «Encuesta sobre el Poder Judicial», *Teoría y Realidad Constitucional*, n.º 50, 2022.

Calvo, M.; *Paternidad robada*, Córdoba: Almuzara, 2021.

Cao, C.; *Constitución socioeconómica y derechos fundamentales: estudio comparado entre los casos de España y Argentina*, Ediar, Buenos Aires, 2005.

Carabante Muntada, J. M.ª; «Entre la ciencia del derecho y la búsqueda de la justicia. Pensamiento jurídico en la primera mitad del siglo XX», *Aforismos: instituciones, ideas, movimientos*, n.º 3, 2021.

Carmona Cuenca, E.; «El principio de igualdad material en la jurisprudencia del Tribunal Constitucional», *Revista de Estudios Políticos*, n.º 84, 1994.

Carnota, W.; *Instituciones de Derecho Público*, Thomson Reuters-La Ley, Buenos Aires, 2016, 2.ª edición.

Cercas, J.; *No callar. Crónicas, ensayos y artículos 2000-2022*, Barcelona: Tusquets, 2023.

Chaves, J. R.; «El Tribunal Europeo de Derechos Humanos entierra las esperanzas de eliminar la politización de los nombramientos de cargos judiciales», *delaJusticia.com*, 8 de junio de 2023. En línea: https://delajusticia.com/2023/06/08/el-tribunal-europeo-de-derechos-humanos-entierra-las-esperanzas-de-eliminar-la-politizacion-de-los-nombramientos-de-cargos-judiciales/. Último acceso: 12/06/2023.

Colautti, C. E.; *Derechos humanos constitucionales*, Rubinzal, Buenos Aires, 1999.

Comisión Europea; «Informe sobre el Estado de Derecho en 2022: la situación del Estado de Derecho en la Unión Europea», 2023.

Contreras, F. J.; *Contra el totalitarismo blando*, Libros Libres, Madrid, 2022.

Corona Nakamura, L. A.; «La paridad en la participación política de las mujeres en México, bajo la tutela del derecho constitucional y convencional», *Misión Jurídica: Revista de derecho y ciencias sociales*, vol. 11-n.º. 15, 2018.

Dalla Vía, A.; *Manual de Derecho Constitucional*, Abeledo Perrot, Buenos Aires, 2011, 5.ª edición.

Davies, W.; *Estados nerviosos. Cómo las emociones se han adueñado del mundo*, Sexto Piso, Madrid, 2020, 2.ª edición.

De Lora, P.; *Los derechos en broma*. Deusto, Barcelona, 2023.

Delgado del Rincón, L.; «El Poder Judicial». En Biglino Campos, P.; Bilbao Ubillos, J. M.ª; Rey Martínez, F.; Matia Portilla, F. J.; Vidal Zapatero, J. M. (coords); *Lecciones de Derecho Constitucional II*, Aranzadi, Cizur Menor, 2022, (3.ª edición).

Díez Ripollés, J. L.; «Alegato contra un derecho penal sexual identitario», *Revista Electrónica de Ciencia Penal y Criminología*, n.º 21-10, 2019.

Díez-Picazo, L. M.ª; «Variaciones sobre el control de convencionalidad», *Teoría y Realidad Constitucional*, n.º 53, 2023.

Díez-Picazo, L. M.ª; *Ordenamiento constitucional español*, Tirant lo blanch, Valencia, 2020.

Díez-Picazo, L. M.ª; *Sistema de derechos fundamentales*, Tirant lo blanch, Valencia, 2021.

Domingo, C.: *#Cancelado. El nuevo Macartismo*, Círculo de Tiza, Madrid, 2023.

Elster, J.; *Ulises desatado. Estudios sobre racionalidad, precompromiso y restricciones*, Gedisa, Madrid, 2009.

Espiérrez Cabellos, M. Á.; «La desconcentración del gobierno del Poder Judicial en el Estado autonómico y los consejos de justicia como posible vía: oportunidades y problemas», *Revista d'Estudis Autonòmics i Federals*, n.º. 35, 2022.

Fernández López, M.ª F.; «La igualdad real». En VV. AA.; *Comentarios a la Constitución Española*, BOE, Madrid, 2018, Tomo I.

Fernández Poncela, A. M. y Martínez García, A.; «2021: mujeres y elecciones en México», *Revista Mexicana de Ciencias Políticas y Sociales*, vol 68, n.º 247, 2023.

Fernández Riveira, R.; «El órgano de gobierno de los jueces atrapado en el tiempo. El CGPJ hiper reformado, hiper prorrogado y, ahora en funciones, perdiendo y recuperando competencias», *Teoría y Realidad Constitucional*, n.º 50, 2022.

Fernández-Miranda, A.; «El Estado social», *Revista Española de Derecho Constitucional*, n.º 69, 2003.

Ferrajoli, L.; «La igualdad y sus garantías», en Ruiz Miguel, A.; y Macía Morillo, A. (eds.); *Desafíos de la igualdad, desafíos a la igualdad*. Anuario de la Facultad de Derecho de la Universidad Autónoma de Madrid, n.º 13, 2009..

Ferrajoli, L.; *Derechos y garantías. La ley del más débil*, Trotta, Madrid, 2004.

Ferreyra, R. G.; *Malestar en el Estado. Ensayos contra la desigualdad*, Ediar, Buenos Aires, 2020.

Figueruelo Burrieza, Á.; y Iglesias Bárez, M.; «El Poder Judicial. El principio de paridad democrática». En Ventura Franch, A.; e Iglesias Bárez, M.; *Manual de Derecho Constitucional español con perspectiva de género*, vol. I, Ediciones Universidad Salamanca, Salamanca, 2020.

Folguera, L.; *Hombres maltratados. Masculinidad y control social*, Bellaterra, Barcelona, 2014.

Font Oporto, P.; «El artículo 9.2 CE, entre el valor igualdad y el estado social. Estudio histórico y sistemático», *Revista General de Derecho Constitucional*, n.º 16, 2013.

Fukuyama, F.; *El liberalismo y sus desencantados. Cómo defender y salvaguardar nuestras democracias liberales*, Deusto, Barcelona, 2022.

Fukuyama, F.; *La demanda de dignidad y las políticas de resentimiento*, Deusto, Barcelona, 2019.

Galindo, A.; y Ujaldón, E.: *Sexo, cuerpo, boxeo. Un alegato contra la izquierda reaccionaria*, Verbum, Madrid, 2022.

García Roca, J.; «La subsidiariedad y el margen de apreciación nacional como responsabilidades de los Estados y contrapesos a la armonización de los derechos por el TEDH». En García Roca, J.; y Bustos Gisbert, R. (coords); *Identidades europeas, Subsidiariedad e Integración*, Tirant lo blanch, Valencia, 2022.

García Roca, J.; *La transformación constitucional de Convenio Europeo de Derechos Humanos*, Aranzadi, Cizur Menor, 2019.

García Vitoria, I.; «Las sentencias del Tribunal Europeo de Derechos Humanos». En Figueroa Mejía, G.; *Tipología y efectos de las Sentencias Constitucionales, Regionales y Supranacionales*. Tomo II, Suprema Corte de Justicia de la Nación, México, 2022.

Gargarella, R.; *Manifiesto por un Derecho de izquierda*, Siglo XXI Editores, Buenos Aires, 2023.

Garrido Falla, F.; *Comentarios a la Constitución española*, Civitas, Madrid, 2001 (3.ª edición).

Garrote de Marcos, M.; *El sistema electoral español. Memoria, balance y cambio*, Madrid: Marcial Pons, 2020.

Goad, J.; *Manifiesto Redneck*, Barcelona: Dirty Works, 2017

Godoy, O.; «La gestación subrogada en la jurisprudencia del TEDH, TJUE, y Tribunal Supremo», *Anuario de la Facultad de Derecho. Universidad de Extremadura*, n.º 34, 2018.

Gómez Fernández, I.; «Perspectiva feminista en la jurisprudencia reciente del Tribunal Constitucional de España», *Revista Aranzadi Doctrinal*, n.º 11, 2019.

Gúmpert, M.; *Infodemics, posverdad y la sociedad que viene*. Madrid: Ciudadela, 2022.

Hernández Ramos, M.; «El fortalecimiento de la Europa de los derechos mediante la adhesión de la Unión Europea al sistema del Convenio». En García Roca, J.; y Bustos Gisbert, R. (coords); *Identidades europeas, Subsidiariedad e Integración*, Tirant lo blanch, Valencia, 2022.

Heying, H.; y Weinstein, B.; *Guía del cazador recolector para el siglo XXI. Cómo adaptarnos a la vida moderna*, Planeta, Barcelona, 2022.

Hughes; *Dicho esto*, Ediciones Monóculo, Madrid, 2022.

Hyde, D.; *Compromiso y liderazgo*, HazteOír, Madrid, 2014.

IDEA (2017): *La democracia paritaria en México: Avances y desafíos*. México: ONU-Mujeres.

IDEA (2023): «Gender Quota Database». En línea: https://www.idea.int/data-tools/data/gender-quotas/country-view/220/35

Igartua Salaverría, J.; «¿A quién afecta el descrédito, sobre todo?», *Revista Vasca de Administración Pública*, n.º 118, 2020.

Jiménez, D.; *Deshumanizando al varón. Pasado, presente y futuro del sexo masculino*, Breslavia, Amazon, 2019.

Kaiser, A. (2022, 7.ª edición): *La tiranía de la igualdad. Por qué el igualitarismo es inmoral y socava el progreso de nuestra sociedad*, Barcelona: Deusto.

Lapuente, V.; *El retorno de los chamanes. Los charlatanes que amenazan el bien común y los profesionales que pueden salvarnos*. Barcelona: Península, 2015.

Lapuente, V.; *Decálogo del buen ciudadano. Cómo ser mejores personas en un mundo narcisista*, Barcelona: Península, 2021.

Lasch, C.; *La cultura del narcisismo. La vida en una era de expectativas decrecientes*. Madrid: Capitán Swing, 2023.

Laviana, J. C.; «Periodismo y perspectiva de género», *The Objective*, 24 de enero de 2023 (en línea: https://theobjective.com/cultura/2023-01-24/periodismo-genero/).

Llorente Sánchez-Arjona, M.; *Justicia con perspectiva de género: el nuevo paradigma contra la violencia de género*, Aranzadi, Cizur Menor, 2021.

Lomas Hernández, V.; «Claves de la STC 44/2023, de 9 de mayo, sobre la interrupción voluntaria del embarazo», *Diario La Ley*, n.º 10341, 2023.

Lonigro, F.; *Derecho Constitucional*, Cathedra Jurídica, Ciudad Autónoma de Buenos Aires, 2020, 4.ª edición.

López Guerra, L.; *La Constitución de España*, Tirant lo blanch, Valencia, 2023, 2.ª edición.

López Guerra, L.; *El Convenio Europeo de Derechos Humanos según la jurisprudencia del Tribunal de Estrasburgo*, Tirant lo blanch, Valencia, 2021.

Lucas Verdú, P.; «El valor constitucional de la igualdad y la condición femenina», *Revista de Política Comparada*, n.º 7, 1981-1982.

Manili, P. L.; *Derecho procesal constitucional e interamericano*, Thomson Reuters-La Ley, Buenos Aires, 2023.

Manili, P. L.; *Manual de Derechos Humanos y Garantías*, Thomson Reuters-La Ley, Buenos Aires, 2022, 2.ª edición.

Martín Guardado, S.; *Techo de cristal y democracia paritaria. El acceso de la mujer a las altas esferas económico-productivas como un reto del Estado Social y Democrático de Derecho*, Aranzadi, Cizur Menor, 2022.

Martínez García, E.; *Análisis de la justicia desde la perspectiva de género*, Tirant lo blanch, Valencia, 2018.

Martínez Pujalte, A. L.; «El art. 9.2 CE y su significación en el sistema constitucional de derechos fundamentales», *Revista de las Cortes Generales*, n.º 40, 1997.

Martínez-Sicluna y Sepúlveda, C.; «Argumentación jurídica». En Martínez-Sicluna y Sepúlveda, C. (dir); *Habilidades para juristas del siglo XXI*, Dykinson, Madrid, 2021.

Martínez-Sicluna y Sepúlveda, C.; «La pandemia como política». En Martínez-Sicluna y Sepúlveda, C.; y Carabante Muntada, J. M. (eds); *Pandemia y Estado de Derecho*, Valencia: Tirant lo Blanch, 2022.

Matia Portilla, F. J.; «¿Puede un órgano judicial acordar el ingreso hospitalario de una mujer embarazada sin oír a la afectada y al margen de sus competencias legales? (STC 66/2022, de 22 de junio)», *Revista Española de Derecho Constitucional*, n.º 128, 2023.

Matia Portilla, F. J.; «Sobre la adscripción partidaria de los magistrados del Tribunal Constitucional y su invocación en el proceso», *Teoría y Realidad Constitucional*, n.º 34, 2014.

Mayordomo Zapata, C.; «Cuarenta años de representatividad en el Congreso de los Diputados español desde una perspectiva de género», *IgualdadES*, n.º 7, 2022.

Mengual i Mallol, A. M.ª; «Las demandas contra España ante el Tribunal Europeo de Derechos Humanos: procedimiento y contenido», En Elósegui Itxaso, M.ª; Morte Gómez, C.; Mengual I Mallol, A. M.ª; y Cano Palomares, G. (coords); *Construyendo los Derechos Humanos en Estrasburgo: El Tribunal Europeo de Derechos Humanos y el Consejo de Europa*, Tirant lo blanch, Valencia 2020.

Midon, M.; *Manual de Derecho Constitucional argentino*, La Ley, Buenos Aires, 2017, 3.ª edición.

Ministerio de Asuntos Sociales (2023): «Agenda 2030. Objetivos de Desarrollo Sostenible». En línea: https://www.mdsocialesa2030.gob.es/agenda2030/index.htm

Ministerio de Igualdad; *Estrategia Estatal para combatir las violencias machistas 2022-2025*, 2023.

Montaigne, M.; *Los ensayos (según la edición de 1595 de Marie de Gournay)*, Acantilado, Barcelona, 2007.

Mounk, Y.; *El gran experimento. Por qué fallan las democracias diversas y cómo hacer que funcionen*, Paidós, Barcelona, 2022.

Muñoz Conde, J.; «La presencia de mujeres en el poder legislativo y ejecutivo a nivel estatal y autonómico. Estado de la cuestión y análisis desde una perspectiva normativa y cuantitativa», *IgualdadES*, n.º 6, 2022.

Nino, C. S.; *Fundamentos de Derecho Constitucional*, Astrea, Buenos Aires, 2017, 5.ª reimpresión (1.ª edición: 1992).

Norton, A.; *Wild democracy. Anarchy, courage and ruling the law*, Oxford University Press, New York, 2023.

Observatorio de Igualdad de Género de América Latina y El Caribe (2023): «Poder ejecutivo: porcentaje de mujeres en los gabinetes ministeriales». En línea: https://oig.cepal.org/es/indicadores/poder-ejecutivo-porcentaje-mujeres-gabinetes-ministeriales.

Ollero Tassara, A.; «Relevancia constitucional de la igualdad», en *VV. AA.*; *Funciones y fines del derecho: estudios en homenaje al profesor Mariano Hurtado Bautista*, Universidad de Murcia, Murcia, 1992.

Ollero, A.; *La justicia en el escaparate*, Tirant lo blanch, Valencia, 2022.

Ollero, A.; *Votos particulares*, Tirant lo blanch, Valencia, 2022.

Ondarra, M.: «Igualdad propone castigar a los medios que no informen con perspectiva de género», *The Objective*, 19 de enero de 2023 (en línea: https://theobjective.com/espana/2023-01-19/igualdad-medios-perspectiva-de-genero/).

Ordóñez Sedeño, J.: «Paridad de género en México: ¿Infracción al principio democrático de igualdad?», *Revista de antropología experimental*, n.º 18, 2018.

Ovejero, F.; «El precio de los intelectuales», *Revista de Libros*, 2004, n.º 89.

Ovejero, F.; «Las pelotas de los intelectuales», *Letras Libres*, n.º 251, 2022.

Palacios Gómez, J. L.: *Socioestadísticas para miembras. Una contribución a la crítica de la ideología política del género*, Almería: Letrame, 2022.

Plaza Martín, C.; «Grietas en el techo de cristal: Instrumentos jurídicos para promover el equilibrio entre mujeres y hombres en los puestos de responsabilidad.», *Revista General de Derecho Administrativo*, n.º 58, 2021.

Presno Linera, M. Á.; «Derechos fundamentales y parto en casa», *El derecho y el revés*, 14 de mayo de 2019. En línea: https://presnolinera.wordpress.com/2019/05/14/derechos-fundamentales-y-parto-en-casa/. Último acceso: 25/11/2022.

Ramírez Ortiz, J. L.; *Perspectiva de género, prueba y proceso penal: una reflexión crítica*, Tirant lo blanch, Valencia, 2019.

Revel, J-F.; *El conocimiento inútil*, Página Indómita, Barcelona, 2022.

Roca Fernández, M.ª J.; «La identidad constitucional en la Unión Europea: una bisagra integradora de las diversidades nacionales». En García Roca, J.; y Bustos Gisbert, R. (coords); *Identidades europeas, Subsidiariedad e Integración*, Tirant lo blanch, Valencia, 2022.

Roca Trías, E.; y Ahumada Ruiz, M.ª; «Los principios de razonabilidad y proporcionalidad en la jurisprudencia constitucional española», *XV Conferencia Trilateral Italia, España, y Portugal*, 24-27 de octubre de 2013, Roma. En línea: https://www.tribunalconstitucional.es/es/trilateral/documentosreuniones/37/ponencia%20espa%C3%91a%20 2013.pdf.

Rodríguez Coarasa, C.; «Artículo 9.2», *Congreso de los Diputados*, Madrid, 2003. En línea: https://app.congreso.es/consti/constitucion/indice/sinopsis/sinopsis.jsp?art=9&tipo=2.

Rosatti, H.; *Tratado de Derecho Constitucional*, Tomo I, Rubinzal-Culzoni Editores, 2010.

Rosetti, A.; «La igualdad y la reforma constitucional de 1994 en Argentina: ¿cambios?». En Alegre, M.; y Gargarella, R. (coords); *El Derecho a la Igualdad. Aportes para un constitucionalismo igualitario*, Abeledo Perrot, Buenos Aires, 2012, 2.ª edición.

Rubio, A. V.; *Feminismo sin complejos*, Sekotia, Córdoba, 2021.

Rubio, E.; *Religión woke. El despertar del supremacismo identitario,* Almuzara, Córdoba, 2023.

Sagüés, N. P.; *Manual de Derecho Constitucional*, Astrea, Buenos Aires, 2012, 2.ª edición.

Salazar Benítez, O.; «La (in)trascendencia constitucional de la perspectiva de género. Reflexiones a partir de las dos decisiones del Comité CEDAW condenatorias de España», *Revista de Derecho Político*, n.° 111, 2021.

Salazar Benítez, O.; «La postpandemia como escenario de revisión del pacto constitucional en clave de paridad», *IgualdadES*, n.° 7, 2022.

Salecl, R.; *El placer de la transgresión*, Ediciones Godot, Buenos Aires, 2021.

Sarmiento Méndez, X. A.; «El artículo 9.2 de la Constitución: su desarrollo estatal y autonómico», *Anuario de la Facultad de Derecho de Orense*, Orense, 2002.

Sauer, H.*; La invención del bien y del mal. Una nueva historia de la humanidad*, Barcelona: Paidós, 2023.

Scruton, R.; *Cómo ser conservador*, Homo Legens, Madrid, 2019.

Soley, J.; *Manual del buen ciudadano para comprender y resistir la cultura de la cancelación*, CEU Ediciones, Madrid, 2022.

Solozábal Echavarría, J. J.; «La garantía de la igualdad». En García Guerrero, J. L.; *Los derechos fundamentales. La vida, la igualdad y los derechos de libertad*, Tirant lo blanch, Valencia, 2013.

Sosa Wagner, F.; y Fuertes, M.; *Panfleto contra la trapacería política. Nuevo Retablo de las Maravillas*, Triacastela, Madrid, 2021.

Stamos, D. N.; *Evolución. Los grandes temas: sexo, raza, feminismo, religión y otras cuestiones*, Biblioteca Buridán, Barcelona, 2009.

Suárez Pertierra, G.; «Artículo 14. Igualdad ante la ley». En Alzaga Villaamil, Ó. (dir); *Comentarios a la Constitución Española, Revista de Derecho Público*, 1984, Tomo II.

Suay Rincón, J., «Justicia constitucional y principio de igualdad: un examen de la última jurisprudencia constitucional (2017-2021)», *IgualdadES*, n.° 6.

Tocqueville, A.; *La democracia en América*, vol. 2, Alianza, Madrid, 2017, 3.ª edición.

Torres Muro, I.; «Magistrados militantes», *El Confidencial*, 25/07/2013: https://blogs.elconfidencial.com/espana/tribuna/2013-07-25/magistrados-militantes_12352/.

Torres Muro, I.; «Tribunal Constitucional: composición y funciones». En Freixés Sanjuán, T.; y Gavara De Cara, J. L. (dirs); *Repensar la constitución. Ideas para una reforma de la Constitución de 1978: reforma y comunicación dialógica*. Parte primera, CEPC-BOE, Madrid, 2016.

Trillo-Figueroa, J.; *La ideología de género*, Libros Libres, Madrid, 2009.

Valdeón, J.: *La razón en marcha. Conversaciones con Félix Ovejero*, Madrid: Alianza, 2023.

Vermeule, A.; *Common Good Constitutionalism*, Polity Press, New York, 2022.

Vincent, N.; *Un hombre hecho a sí mismo. Viaje de ida y vuelta de una mujer al mundo de los hombres*, EDAF, Madrid, 2007.

Vizcarra Ruiz, M A.: «De la implementación de las cuotas de género a la "legislatura de la paridad de género" en México», *De Prácticas y Discursos: Cuadernos de Ciencias Sociales*, vol. 9-n.º 13, 2020.

Cód. 07

COLEX

LA EDITORIAL JURÍDICA DE REFERENCIA PARA
LOS PROFESIONALES DEL DERECHO **DESDE 1981**

Paso a paso

Códigos
comentados

Vademecum

Formularios

Flashes
formativos

Colecciones
científicas

DESCUBRA NUESTRAS OBRAS EN:

www.colex.es

Editorial Colex SL Tel.: 910 600 164 info@colex.es

Made in United States
Orlando, FL
10 October 2026

88906493R00081